Josef Danko

# Darüber lacht auch Petrus

Josef Danko

# Darüber lacht auch Petrus

## Schmunzeleinheiten zwischen Himmel und Erde

Mit Illustrationen von Astrid Leson

Verlag Butzon & Bercker Kevelaer

**Bibliografische Information Der Deutschen Bibliothek**

Die Deutsche Bibliothek verzeichnet diese Publikation in der Deutschen Nationalbibliografie; detaillierte bibliografische Daten sind im Internet über http://dnb.ddb.de abrufbar.

verlagsgruppe engagement

Das Gesamtprogramm von Butzon & Bercker finden Sie im Internet unter www.bube.de

ISBN 3-7666-0613-1


Umschlagillustration: Cornelia Kurtz, Boppard
Satz: Fotosatz Rosengarten GmbH, Kassel
Druck und Bindung: Koninklijke Wöhrmann, NL-Zutphen

# Inhalt

# Vorwort

„Nichts Neues unter der Sonne", sagte ein Weiser. Auch keine neuen Witze?
„Stell dir vor, da haben sie bei Ausgrabungen bei den Pyramiden in Ägypten eine Witzbibliothek gefunden. Lauter Tontäfelchen mit Witzen!"
„Na und?"
„Ach, nichts Besonderes. Lauter uralte Witze ..."
Es gibt keine „alten" Witze. Nur langatmig und schlecht erzählte. Und für die „alten Witze" wächst immer eine Generation heran, die sie noch nicht kennt, für die der Witz kein „alter Witz", sondern ganz neu ist. Selbst „Witze mit Bart" bekommt man manchmal so erzählt, dass man meint, der Witz wäre ganz neu.
Wie vor kurzem in der Straßenbahn. Ein junger Mann bückt sich und hebt etwas vom Boden auf. Er fragt: „Hat jemand von Ihnen ein Bündel Hundert-Euro-Scheine verloren, das mit einem Gummiband zusammengehalten wurde?" – Sofort melden sich einige Fahrgäste. „Danke", lächelt der junge Mann. „Ich habe nämlich gerade das Gummiband gefunden!" – Nicht neu der Witz – er ist schon bei der Sammlung jüdischer Witze zu finden. Nur spielt er da bei einem Empfang ...
Also nicht neu, diese Anekdote zum Thema Ehrlichkeit? Nur eine Anekdote? Oder gar doch ein Witz? Diese Geschichte bringt die Ehrlichkeit auf den Punkt. Sie ist Spitze. Ebenso wie die folgende: Der Domprediger fährt mit dem Bus. – Es war noch die Zeit, wo man beim Fahrer vorne seine Fahrkarte zu lösen hatte und das Wechselgeld zurückbekam. – Dann sucht er einen Platz. Dort zählt er das Wechselgeld nach. Holla, da sind doch zwanzig Cent zu viel! Er rechnet noch einmal und überschlägt so in Gedanken: Ich habe doch

auch schon zu wenig zurückbekommen ... Schließlich – es siegt seine Ehrlichkeit – steht er doch auf und geht zum Busfahrer: „Sie haben mir zu viel Wechselgeld herausgegeben!" – Der Fahrer: „Ich weiß. Aber Sie haben gestern so gut über die Ehrlichkeit gepredigt. Da wollte ich einfach wissen, wie – Sie es selber damit halten!"

Geschichten, Witze, Anekdoten, kluge Worte ... Hier in diesem Buch ist einiges gesammelt: mal zum Lachen, mal zum Schmunzeln, mal zum Nachdenklich-Werden. „Gott, gib mir die Gnade einen Scherz zu verstehen", betete einst der Lordkanzler Thomas Morus.

*Josef Danko SAC*

# Lachen ist gesund

„Man kann nicht genug tun, die Leute aufzuheitern", erklärte Emil Steinberger, der Spaßvogel aus der Schweiz. In München erhielt er vor Jahren den Karl-Valentin-Orden. Dabei fügte er auch hinzu: „Zum Lustigsein braucht es Mut!" Denn nach Emils Meinung ist Humor heutzutage Mangelware.
Dazu passt gut, dass eine Computerfirma in Taiwan das Lachen während der Arbeitszeit verboten hat. Nur so könne es zu fehlerloser Produktion kommen, behauptete sie. Sicher kann die Firma sogar eine Untersuchung vorweisen, die diese Anordnung noch wissenschaftlich begründet.

Ob sie dazu auch einen Aushang gefertigt hat? Vielleicht fand sich dazu eine lustige Benennung („Wer bei uns arbeitet, hat nichts zu lachen!") ähnlich wie beim elfjährigen Martin, der in einem Aufsatz schrieb: „Am 31. Oktober 1517 schlug Luther seine 95 Prothesen an die Tür der Schlosskirche zu Wittenberg."

## Humor als Medizin

Mir sind Humor und Lachen wichtig fürs menschliche Zusammenleben. Humor hat sogar eine Beziehung zur Gesundheit des Menschen. Der Journalist Norman Cousins beschreibt seine erstaunliche Genesung von einer schweren Krankheit: Als keine Medizin half, beschaffte er sich lustige Filme und ließ sie sich vorführen. Dabei entdeckte er, dass Lachen ein starkes

Schmerzmittel ist: Ein zehn Minuten dauerndes Zwischenspiel aus Heiterkeit und Lachen verhalf ihm zu zwei Stunden schmerzfreiem Schlaf.
Ähnliches bestätigte schon im 16. Jahrhundert der englische Pastor und Gelehrte Robert Burton: „Das sind die drei Doctores: Dr. Fröhlich, Dr. Ernährung und Dr. Ruhe, die alle Krankheiten heilen."

*„Mein Mann hält sich für einen Kühlschrank, ist das schlimm, Herr Doktor?", fragt die Klientin den Psychiater.*
*„Nein, überhaupt nicht. Oder werden Sie davon gestört?"*
*„Eigentlich stört es mich nicht, nur nachts, wenn er mit offenem Mund schläft und das Lämpchen brennen bleibt ..."*

*Im Geschäft für Uhren und Juwelen. Ein Mann zum Verkäufer: „Meine Frau hat morgen Geburtstag. Ich möchte ihr einen Kugelschreiber mit einer Quarzuhr schenken."*
*„Soll ich ihn schön einpacken, damit es eine Überraschung wird?", fragt der Verkäufer.*
*„Allerdings. Sie erwartet nämlich ein Diamantenhalsband."*

## Ein fröhliches Herz tut gut

Erfahrungen von Freude und Fröhlichkeit stehen auch in der Bibel, das sollte nicht verwundern. Das Buch der Sprüche beispielsweise vermerkt: „Ein fröhliches Herz tut dem Leib wohl." Der weise Jesus Sirach bekennt: „Froh-Sinn verlängert (dem Menschen) die Tage."
Schließlich ist es pure „Frohbotschaft" für die Welt, was Jesus Christus an Worten und Taten gebracht hat. Wer sich für diese Frohbotschaft öffnet, wird erfahren, dass Armseligkeit und Versagen, Trauer und Mutlosigkeit nicht das letzte Wort haben. Vielmehr ist der Mensch berufen zur Freude, ja sogar zur ewigen Freude bei Gott.

## Lachen bis zur Ewigkeit

Das sinnenfreudige Mittelalter kannte deshalb an Ostern im Gottesdienst den so genannten „risus paschalis", das Ostergelächter. Die gesamte Gemeinde lachte und klatschte über den Osterwitz des Pfarrers in seiner Osterpredigt. Man freute sich darüber, dass Christus die Sünde und den Tod endgültig überwunden und zur Freude befreit hat.

*Über das Jenseits hatte eine humorvolle Dame nachgedacht. Auf dem Sterbebett wandte sie sich an ihren Arzt: „Herr Doktor, bitte schreiben Sie mir auf den Totenschein, dass ich an Asthma gestorben bin! Den will ich im Himmel vorzeigen. Ich kann doch als Engel nicht Posaune blasen, ich möchte viel lieber eine Harfe bekommen!"*

Lachen Sie also ruhig über einen guten Witz oder eine gelungene Büttenrede! Freuen Sie sich über die kleinen Freuden des Alltags, ja, lachen Sie ohne Scheu auch über sich selbst – das ist gesund! Denn dieser Ausspruch von Papst Johannes XXIII. stimmt: „Glaube – das ist die Heiterkeit, die von Gott kommt."
Lassen Sie bei sich diese Heiterkeit zu, die Ihnen an Seele und Leib gut tun wird. Ein Bischof meinte dazu: „Humor ist kein Hindernis für die Heiligkeit. Wenn du sonst nichts finden kannst zum Lachen, hast du ja immer noch dich selbst!" Obwohl Bischöfe meist nicht viel zu lachen haben.

# Weltsprache Nr. 1: ein Lächeln

Achtzehn verschiedene Muskeln sind mindestens im Spiel, wenn wir Menschen lachen. Wohlgemerkt, nur im Gesicht! Nicht gerechnet die Bauchmuskeln, die dabei womöglich auch noch strapaziert werden.
Schon ein einfaches Lächeln verbindet Menschen. Eltern, Großeltern und Verwandte bemühen sich um das erste Lächeln des Neugeborenen. Fremde knüpfen mit einem Lächeln Kontakte über alle Rassen und Kontinente hinweg. Es zeigt: Ich will dir nichts Böses.
Die Kraft des Lächelns schlägt sich auch in der Alltagssprache nieder. Wir sagen: „Das kostet mich nur ein Lächeln“, oder: „Du hast da nichts zu lachen.“ Man kann sich „krumm und schief“, aber auch „ins Fäustchen“ lachen. Willkommen ist, wer eine Gesellschaft „zum Lachen bringt“.
Wie ein Mensch lacht, ist geradezu sein persönliches, unveränderliches Kennzeichen. Auch darin gleichen wir uns nicht, worüber wir lachen. Ein und derselbe Witz entlockt mir nur ein „müdes Lächeln“, während der andere sich „schier totlachen“ könnte. Lächeln, Lachen, Witz, Humor – ein breites Feld bis hin zu Satire, Spott und Auslachen.

## Die Kraft des Lächelns

„Freundlichkeit ist eine Sprache, welche die Stummen sprechen, die Tauben hören können“ (Christian Bovee). Ein freundliches Lächeln als Dank für die sorgfältige Bedienung im Geschäft! Das aufmunternde Lächeln für den Schüler sagt ihm: „Das hast du gut gemacht.“ Ob nicht auch der Lehrer das braucht? Und die etwas verschlossen wirkende Frau im Haus zwei

Stock tiefer? Und der Autofahrer, dem ich heute früh die Vorfahrt geschnitten habe? Oder die Mutter mit dem Kleinkind?
Ein Lächeln ist die kürzeste Verbindung zwischen zwei Menschen! Der Dichter Christian Morgenstern meint: „Lachen und Lächeln sind Tor und Pforte, durch die viel Gutes in den Menschen hineinhuschen kann."
Ein Lächeln bläst nicht einfach Lasten und Leid hinweg; aber es kann Spannungen und Tränen verringern. Es befreit von erdrückendem Ernst und erstickendem Alltag. Der Weg zum Lächeln: sich selber mögen, Gutes und Schönes bewusst sehen lernen, eins sein mit seinem Gewissen und mit Gott.

## Ein fröhliches Herz

Können wir lachen, dann sind wir auch gelassener. Können wir sogar über uns selber lachen, dann stehen wir über den Dingen und nehmen uns selbst nicht ganz so wichtig.
In der Bibel (Buch der Sprüche) heißt es: „Ein fröhlich Herz macht das Leben lustig, aber ein betrübter Mut vertrocknet das Gebein." Wie wär's, wenn Sie bald jemandem zulächeln würden? Nicht nur dann, wenn Fastnachtszeit und Karnevalsbeginn ist oder weil der Tag des heiligen Valentin angekündigt wird! Das Lächeln braucht keine Extrafestzeiten und keinen Weltgedenktag. Es gilt einfach als Weltsprache, und zwar ohne jedes Wort. „Friede beginnt mit einem Lächeln – lächle fünfmal am Tag einem Menschen zu, dem du gar nicht zulächeln willst – tue es um des Friedens willen" (Mutter Teresa).

## Philipp Neri – ein fröhlicher Heiliger

„Pippi buono – guter Philipp“ wurde er salopp vom Volk genannt. Und Frömmigkeit und Humor gehörten bei Philipp Neri zusammen. Er betete beispielsweise: „Herr, gib Acht auf mich! Vor allem vergiss mich nicht, verlier mich nicht aus den Augen ... oder ich weiß nicht, wessen ich fähig bin ...“ Den sauertöpfischen Christen seiner Zeit stieß seine fröhliche Frömmigkeit auf. Sie verklagten ihn sogar beim Papst. Aber der winkte ab: Gegen eine solch lautere Seele und gegen die guten Witze könne er nicht einmal als Papst etwas machen.

*Der kleine Philipp lebte im Internat. Trotz aller Ermahnungen kam er immer wieder zu spät. Er fand einfach nicht rechtzeitig aus dem Bett. Das hielt ihm sein Erzieher vor: „Diese Unpünktlichkeit muss bei dir unbedingt anders werden! Versuche es doch einmal mit diesem Weg: Wenn du frühmorgens das Läuten hörst, dann denke dir, du liegst im Fegefeuer und Gott selber ruft dich heraus. Dann wirst du doch schnell aufstehen können!“*
*Am nächsten Tag erschien der Kleine wieder zu spät, und dazu noch später als je zuvor. Der Erzieher runzelte die Stirn: „Hat denn mein Ratschlag nichts genutzt?“*
*„Herr Pater Präfekt, ich habe Ihren Rat bestimmt nicht vergessen! Aber als die Glocke bimmelte, stellte ich mir vor, dass ich im Fegefeuer sei. Und da fiel mir ein: Ich habe doch schon so viele Dummheiten angestellt, dass die Strafe im Fegefeuer ruhig noch etwas länger dauern darf. Und da blieb ich gleich noch ein Viertelstündchen liegen ...“*

Philipp kam bei den Römern an. Gegen allen unheiligen Ernst setzte er den frohen Gottesglauben. Die

Fröhlichkeit konnte bei ihm zuweilen durchaus auch mit ernsten Zügen verbunden sein:

So schickte er einmal zwei Ministranten mit brennenden Kerzen einem jungen Mann nach, der kommuniziert, sich aber keine Zeit für die Danksagung genommen hatte. Das fiel den Römerinnen und Römern in den Gassen und dann auch dem von den Kerzen Begleiteten auf. Er lief schleunigst zurück, um seine Danksagung für das Geschenk der Kommunion zu verrichten.

Philipp Neri selber hielt sich mitunter eine Dreiviertelstunde bei der heiligen Kommunion auf, versunken in Anbetung. Hier ließ er sich durch nichts stören. Dort bei Christus fand sich die Quelle seiner Freude.

## Einfach, aber herzlich

Um 1535 war Philipp von Florenz nach Rom gekommen. Seine Frömmigkeit wurde beifällig aufgenommen. Sein Humor war den Frommen und dem höheren Klerus zunächst verdächtig. Für manche feierte er mehr, als er betete. Und sie übersahen, dass er mit seinem Lebensstil die Melancholischen und Erbsenzähler aufmunterte, den kleinkarierten, engen Geist anderer weitete und Menschen anzog, die von der Kirche schon längst nichts mehr erwarteten.

„Apostel Roms" wurde er bald wegen seines reformatorischen Eifers genannt. Seine kleinen, aber fröhlichen Schritte zum Glauben erbrachten eine ganz eigene Reformation: Für die Kinder hielt er eigene Predigten, sang und spielte mit ihnen und brachte sie so zu religiösen Erfahrungen. Seine Katechesen zogen sogar andere Heilige an, die ihn und seine Art kennen lernen wollten.

Das einfache römische Volk liebte Philipp Neri. Seine Ratschläge waren einfach und bodenständig. Da kam eines Tages eine Frau zu ihm und beklagte sich bitter über ihren bösen Mann, der gegen sie so grob und unfreundlich sei. Was sie denn tun solle? Da gab der Heilige zur Antwort: „Ich meine, Sie sollten heimgehen und gegen ihn ein besseres Weib sein. Dann wird er gegen Sie auch ein besserer Mann sein!"

*Einmal beichtete eine Frau, sie habe allerlei Unschönes über die lieben Mitmenschen verbreitet, sie schlecht gemacht und unwahre Fehler über sie ausgesagt. Neri gab ihr zur Buße auf, sie solle auf dem nahen Marktplatz ein Huhn kaufen und zu ihm in die Küche bringen. Unterwegs solle sie gleich das Huhn rupfen. Die Frau machte alles, wie ihr aufgetragen war, und brachte Philipp das gerupfte Huhn. Der bedankte sich und sagte zu ihr: „Und jetzt habe ich noch einen Auftrag. Gehen Sie geradewegs den Weg zurück zum Marktplatz und sammeln Sie alle Federn wieder ein, die Sie unterwegs ausgerupft haben!" Die Frau verstand, dass ihre unklugen und unwahren Reden auch schon in alle Welt zerstreut waren und nicht wieder ungeschehen gemacht werden konnten. Ob sie sich daraufhin gebessert hat?*

Aus Kenia stammt eine Weisheit, die zu dieser Geschichte passt: „Verschüttetes Wasser lässt sich nicht mehr einsammeln!"

1551 wurde Philipp Neri zum Priester geweiht. Er war Ratgeber für den Papst, Beichtvater für Kardinäle und Seelenführer für die suchenden Menschen.

1552 gründete er eine Priestergemeinschaft, die er nach dem Betsaal, in dem der Heilige sie versammelte, „Oratorium" nannte. Er ließ dort auch Laien predigen bei den frommen Diskussionen – wozu nur ganz strenge Leute die Augenbrauen runzelten.

## Philipp Neri im Urteil Goethes

Philipp Neris besondere Art mit Menschen umzugehen schildert Johann Wolfgang von Goethe in seiner „Italienischen Reise":
„Es ist bekannt, dass Hundeführen, Hundetragen im Mittelalter überhaupt und wahrscheinlich auch in Rom höchst schimpflich gewesen ist. In dieser Rücksicht pflegte der fromme Mann jenes Tier an einer Kette durch die Stadt zu führen, auch mussten seine Schüler dasselbe auf den Armen durch die Straßen tragen und sich auf diese Weise dem Gelächter und Spott der Menge preisgeben.
Auch mutete er seinen Schülern und Genossen andere unwürdige Äußerlichkeiten zu. Einem jungen römischen Fürsten, welcher der Ehre, für ein Ordensglied zu gelten, mitgenießen wollte, wurde angesonnen, er solle mit einem hinten angehefteten Fuchsschwanze durch Rom spazieren, und als er dies zu leisten sich weigerte, die Aufnahme in den Orden versagt. Einen andern schickte er ohne Überkleid und wieder einen mit zerrissnen Ärmeln durch die Stadt. Dieses Letztern erbarmte sich ein Edelmann und bot ihm ein Paar neue Ärmel an, die der Jüngling ausschlug, nachher aber auf Befehl des Meisters dankbar abholen und tragen musste.
Beim Bau der neuen Kirche nötigte er die Seinen, gleich Taglöhnern die Materialien herbeizuschaffen und sie den Arbeitern zur Hand zu langen.

Gleichermaßen wusste er auch jedes geistige Behagen, das der Mensch an sich empfinden mochte, zu stören und zu vernichten. Wenn die Predigt eines jungen Mannes wohl zu gelingen und der Redner sich darin selbst zu gefallen schien, unterbrach er ihn in der Mitte des Worts, um an seiner Stelle weiterzusprechen, befahl auch wohl weniger fähigen Schülern, ungesäumt hinaufzutreten und zu beginnen, welche denn, so unerwartet angeregt, sich aus dem Stegreife besser als je zu erweisen das Glück hatten."

Goethe schildert auch, dass Philipp Neri neben aller Exzentrik über einen gesunden Menschenverstand verfügte:

„Eine merkwürdige, obgleich schon bekannte Prüfungsgeschichte wird man hier wegen ihrer besondern Anmut nicht ungern wiederholt finden. Dem Heiligen Vater war angekündigt, in einem Kloster auf dem Lande tue sich eine wunderwirkende Nonne hervor. Unser Mann erhält den Auftrag, eine für die Kirche so wichtige Angelegenheit näher zu untersuchen; er setzt sich auf sein Maultier, das Befohlene zu verrichten, kommt aber schneller zurück, als der Heilige Vater es erwartet. Der Verwunderung seines geistlichen Gebieters begegnet Neri mit folgenden Worten: ‚Heiligster Vater, diese tut keine Wunder, denn es fehlt ihr an der ersten christlichen Tugend, der Demut; ich komme durch schlimmen Weg und Wetter übel zugerichtet im Kloster an, ich lasse sie in Eurem Namen vor mich fordern, sie erscheint, und ich reiche ihr statt des Grußes den Stiefel hin, mit der Andeutung, sie solle mir ihn ausziehen. Entsetzt fährt sie zurück, und mit Schelten und Zorn erwidert sie mein Ansinnen; für was ich sie halte!, ruft sie aus, die Magd des Herrn sei sie, aber nicht eines jeden, der daherkomme, um knechtische Dienste von ihr zu verlangen. Ich erhub mich gelassen, setzte mich wieder auf mein Tier, stehe wieder vor Euch, und ich bin überzeugt, Ihr werdet keine weitere Prüfung nötig finden.' Lächelnd beließ es auch der Papst dabei, und wahrscheinlich ward ihr das fernere Wundertun untersagt."

## Keine Ehren, nur Gott allein

Man wollte Philipp Neri befördern, um ihn so handzahm zu machen. Aber höhere Ehren wusste er für sich zu verhindern. Er rannte im knallroten Hemd durch Rom, als er Bischof und Kardinal werden sollte – das war dann der Obrigkeit doch zu viel an Gleichgültigkeit und man sah von höheren Ehren für ihn ab.

Dass Philipp Neri seinerseits einzustecken wusste, zeigt die folgende Geschichte, von der wiederum Goethe schreibt:

„Wenn er sich Prüfungen gegen andere erlaubte, so musste er solche von Männern erdulden, welche, gleichen Sinnes, den nämlichen Weg der Selbstverleugnung einschlugen.

Ein Bettelmönch, der aber auch schon fast als Heiliger verehrt wurde, begegnet ihm in der gangbarsten Straße und bietet ihm einen Schluck aus der Weinflasche, die er vorsorglich mit sich führt. Philipp Neri bedenkt sich nicht einen Augenblick und setzt die langhalsige Korbflasche, den Kopf zurückbiegend, dreist an den Mund, indes das Volk laut lacht und spottet, dass zwei fromme Männer sich dergestalt zutrinken.

Philipp Neri, den es ungeachtet seiner Frömmigkeit und Ergebung einigermaßen durfte verdrossen haben, sagte darauf: ‚Ihr habt mich geprüft, nun ist die Reihe an mir', und drückte zugleich sein vierecktes Barett auf den Kahlkopf, welcher nun gleichfalls ausgelacht wurde, ganz ruhig fortging und sagte: ‚Wenn mir's einer vom Kopf nimmt, so mögt Ihr's haben.' Neri nahm es ihm ab, und sie schieden."

Philipp Neris Leben hatte 1515 in Florenz begonnen. Es endete mit 80 Jahren am 26. Mai 1595 in Rom. Mit Papst Clemens VII. trauerte ganz Rom um ihn. Die Menschen hatten sein Wort verstanden: „Der wahre Weg, um in Tugenden fortzuschreiten, besteht darin, in heiliger Fröhlichkeit zu beharren. Heiterer Sinn stärkt das Herz und macht uns beharrlich im guten Wandel; deshalb sollte ein Diener Gottes immer wohlgemut sein."

Neris Grab befindet sich in der Kirche S. Maria in Vallicella. Johann Wolfgang von Goethe überliefert aus seiner Zeit auch das Zeugnis des Papstes über Neri und den Wunsch der Menschen, ihn als Heiligen verehren zu dürfen: „Als man bald nach seinem Verscheiden, welches von noch mehr Wundern als sein Leben begleitet war, an Papst Clemens VIII. die Frage brachte, ob man mit der Untersuchung, dem so genannten Prozess, welcher einer Seligsprechung vorausgeht, den Anfang machen dürfe, dieser die Antwort erteilte: ‚Ich habe ihn immer für einen Heiligen gehalten und kann daher nichts dagegen einwenden, wenn ihn die Kirche im Allgemeinen den Gläubigen als solchen erklären und vorstellen wird.'"

Philipp Neri lebte die Erfahrung, dass Kirche durch schwarzsehendes und rückwärts gerichtetes Kritisieren nichts gewinnt, auch nicht durch besserwissendes Publikmachen von Schwächen, wohl aber durch die Lebenshaltung der Freude und Fröhlichkeit, die aus dem Glauben kommt. Ist das eine neue Seelsorgemethode? Bei Philipp Neri schon, denn er verband damit eine kirchliche Erneuerungsbewegung, förderte eine intensive Jugenderziehung, betonte den Wert des geistlichen Lebens, pflegte kirchlichen Volksgesang und übte diskrete Nächstenliebe.

„Gib uns eine brennende Liebe, wie er sie im Herzen trug, und die Heiterkeit des Geistes, die ihn zum Boten deiner Freude gemacht hat", heißt es im Tagesgebet am Gedenktag des heiligen Philipp Neri.

# Kindermund im Gottesdienst

Kindergottesdienste haben ihre eigenen „Gesetze" – und das nicht nur in der Ordnung der Liturgie. Hier gibt es tatsächlich eigene Richtlinien und offizielle Hinweise von der Römischen Kongregation für den Gottesdienst und von der Deutschen Bischofskonferenz.
Aber eigene „Gesetze" sind auch zu erleben in Bezug auf das spontane Verhalten der Kinder:

*Da marschierte ein ganz mutiger Kleiner zum Altar, weil er alles mal aus der Nähe anschauen wollte. Mit viel Vergnügen habe ich das erlebt. Er konnte kaum über den Rand des Altartisches schauen. Deshalb packte er mit seinen Händchen entschlossen den Rand des Altars, stellte sich auf die Zehenspitzen und betrachtete aus diesem Blickwinkel alles ganz genau. Dann war er zufrieden. Ich nickte ihm zu und der Kleine ging wieder zur Mutter in die Bank zurück. Und die ganze Gemeinde schmunzelte über diese entschlossene Lust am Entdecken des Kirchenraumes.*

## Lasst die Kinder zu mir kommen

Gerne machen sich die Kinder auf den Weg von den Bänken nach vorn, um sich um den Altar zu versammeln und zusammen mit dem Priester das Gebet des Herrn zu sprechen. Kindern tut alleine schon diese Bewegung gut. Aber es ist mehr: Sie spüren, dass sie in der Gemeinde und bei Jesus willkommen sind. „Lasst die Kinder zu mir kommen, hindert sie nicht daran!" (Matthäus 19,14).
Wenn wir Kleinkinder abwehren und strafend anblicken, wenn sie mal an unpassender Stelle laut sind,

wenn wir sie grimmig anzischeln („Psst – psst“) und nur unsere heilige Ruhe haben wollen – dürfen wir dann noch klagen, dass zu wenig junge Menschen in den Gottesdienst kommen?
Oder darf man von einem fünfjährigen Kind wirklich erwarten, dass es eine Stunde lang vollkommen still sitzt, nur zuhört, was Erwachsene sagen, und alles ganz regungslos und folgsam mitvollzieht?

*Die Kleine ist zu verstehen, als ihr in der Kirche zu wenig los ist und sie dann zur Mutter sagt: „Du, Mutti, wenn da vorne das rote Licht (gemeint war das „Ewige Licht“) grün wird, dann gehen wir aber!“*

## Kinder mitbeteiligen

Das offizielle Heft der Kongregation für den Gottesdienst aus dem Jahr 1973 mit dem Titel „Direktorium für Kindermessen“ zeigt viele Möglichkeiten auf, Kinder angemessen und auf ihre Art in den Gottesdienst mit einzubeziehen. Denn die kindgemäße Beteiligung an der Liturgie ist durchaus erwünscht.
Kinder können auf verschiedene Weise tätig und bewusst am Gottesdienst teilnehmen: indem sie den Raum und den Altar herrichten, im Kinderchor mitsingen, Musikinstrumente spielen, Lesungen vortragen, Fragen in der Predigt beantworten, Anliegen beim Fürbittgebet nennen, Gaben zum Altar bringen ...

All diese Tätigkeiten sollen der inneren Teilnahme der Kinder dienen. Dabei lernen sie auch den Wert der Stille kennen. Bei diesen Kindergottesdiensten können übrigens auch Laien eine Ansprache an die Kinder halten, „vor allem wenn es dem Priester schwer fällt, sich dem Verständnis der Kinder anzupassen".

## Kinder sind spontan

Wohl jeder Priester und Prediger und alle Frauen und Männer, die Kindergottesdienste mitgestalten, können Beispiele nennen, wie spontan und offen die Kinder auf Fragen eingehen. Von einem besonders schönen sei hier kurz berichtet:

*Das Gleichnis vom Gastmahl war als Evangelium an der Reihe. Ich fragte die Kinder bei der Predigt: „Was muss man zu Hause alles vorbereiten, wenn ein Besuch erwartet wird?"*
*Eifrig zählten sie auf: Wir helfen beim Saubermachen, wir decken den Tisch, holen das schöne Geschirr und stellen es auf, falten kunstvoll Servietten, stellen Blumen auf den Tisch ... und dann krähte eine Kleine dazwischen: „Und dann muss man noch den Kuchen wegstellen, damit der Besuch nicht alles wegisst!"*

Die Gottesdienstgemeinde freute sich von Herzen über diesen offenherzigen Beitrag und über die Sorge des Kindes, dass ihm die Erwachsenen beim Besuch zu wenig übrig lassen. Meine Frage als Prediger war offensichtlich gut und anregend für Antworten.
Manchmal muss der Prediger freilich feststellen, dass keine Antworten kommen. Wenn er verständig ist, merkt er schnell, dass seine Frage falsch und nicht kindgemäß war oder eigentlich nur von Erwachsenen

hätte beantwortet werden können. Jener Prediger hat es bemerkt, der immerzu „Warum?“ fragte und darauf keine Antwort erhielt. Aus dem Hintergrund gab ihm ein Kind die flotte Erklärung: „Sie fragen immer, warum. Warum ist die Banane krumm?“ Da war die Luft aus seinem Fragespiel heraus und er wusste auf einmal, dass Impulse zu geben besser ist, als nur Fragen zu stellen.

## Ein Kind denkt wie ein Kind ...

Schon der Apostel Paulus schrieb: „Als ich ein Kind war, redete ich wie ein Kind, dachte wie ein Kind und urteilte wie ein Kind ...“ (1 Korinther 13,11). Es ist anzunehmen, dass er auch als Prediger manche Missverständnisse verkraften musste, nicht nur von Kindern.

Solche Missverständnisse lassen sich auch heute erleben:

Die Kleine hörte in der Kirche vor der Kommunion den Satz: „Herr, ich bin nicht würdig, dass du eingehst unter mein Dach ...“ – und sie verstand das „eingehen“ als „sterben“. Glücklicherweise fragte sie und die Eltern konnten aufklären, dass in der deutschen Sprache manche Wörter gleich sind und doch recht unterschiedliche Bedeutung haben können.

Auch der Begriff „Schöpfer“ im Glaubensbekenntnis als „Schöpfer des Himmels und der Erde“ musste im Religionsunterricht erklärt werden. Denn bislang kannte das Kind den „Schöpfer“ eben nur als „Schöpfer (Schöpflöffel) für die Suppe“.

Eine Erzieherin erzählte mir vom Blasiussegen. Sie wollte mit den Kindern vom Kindergarten in die Kirche gehen, damit in einer kleinen Feier alle diesen Segen am Fest des heiligen Blasius erhalten könnten. Aber ein Kind weinte heftig, zeigte Angst und wollte absolut nicht zum Blasiussegen in die Kirche gehen. Schließlich kam unter vielen Tränen heraus: Es herrschte ein sprachliches Missverständnis vor. Denn das Kind hatte das Wort „Segen“ als „sägen“ missverstanden und meinte, da werde der Hals durchgesägt. „Segen“ und „sägen“ sprechen eben manche gleich aus ...

Interessant wurde die Frage des Pfarrers nach den vier Evangelisten. Er wollte schnell zu Antworten ermuntern und fing schon mal an: „Also der erste ist der Matthäus ...“ Und schon rief ein Kleiner dazwischen: „Ja, den kenne ich. Der spielte mal bei Bayern München!“ Und der Pfarrer bestätigte schmunzelnd: „Liebe Gemeinde, wenigstens ein Gutes hat also der Fußball und dazu der Lothar Matthäus: Die Kinder kennen schon mal einen Evangelisten und wissen, wie dieser Name ausgesprochen und geschrieben wird!“

## Der Mantel des heiligen Martin

Man muss miteinander reden und auch auf versteckte Fragen der Kinder achten. Das war notwendig am Fest des heiligen Martin. Der Pfarrer erzählte die Geschichte, wie Martin mit einem Bettler den Mantel geteilt hat. Ein Kleiner schaute ihn recht skeptisch an und schüttelte leise den Kopf. Der Pfarrer sprach ihn an, was ihm daran nicht gefalle. Darauf der aufmerksame Kleine: „Das ist doch blöd, einen Mantel auseinander zu schneiden. Da hat doch keiner was davon. Jeder hat nur einen einzigen Ärmel!“

Glücklicherweise wusste der Pfarrer, wie ein Mantel zur römischen Kaiserzeit ausgesehen hat. Und er bestätigte: „Du hast Recht. Das wäre wirklich dumm, wenn wir einen Mantel auseinander schneiden, der aussieht wie unsere Mäntel. Damals war ein Mantel eigentlich nur ein großes Stück Stoff, den man um sich herumgewickelt hat. Und ein solches Stück Stoff lässt sich wirklich so teilen, dass beide noch etwas davon haben und nicht frieren müssen."

## Von „Dingsda" und den Kindern lernen

„Über das Thema ‚Kinder und ihre Fragen im Kindergottesdienst' kann am besten einer schreiben, der keine Kinder hat ...", stichelte mal jemand. Nun, das muss nicht unbedingt stimmen. Denn der evangelische Pfarrer von Hallstadt gab schon einige Bücher mit gesammelter Kinderfrömmigkeit und Kindersprüchen heraus. Und der ist wohl verheiratet und hat Kinder und kann über deren Sprüche von Herzen lachen wie auch seine Leserinnen und Leser. Und ich mit ihm.

Neben Büchern eignet sich auch die Fernsehsendung „Dingsda", um die interessante Gedankenwelt der Kinder kennen zu lernen, wenn sie einen Begriff erklären sollen. Erwachsene, und sogar Prediger, können davon lernen.

Abschließend ein Erlebnis bei einer Hochzeit, das uns kindliches Denken und Empfinden wieder ein bisschen besser verstehen lässt: Eine Erzieherin heiratete. Die Kinder aus ihrer Gruppe im Kindergarten waren auch eingeladen zum Gottesdienst. Dazu gab es ein schönes Vorspiel für Orgel und Trompete. Zwei Kön-

ner waren am Werk. Aber es war ein recht langes Musikstück. Eher für Erwachsene, weniger für Kinder. Ich hörte mit Freude zu. Das Stück war nach fünf oder sechs Minuten nun zu Ende, und ehe ich beginnen konnte mit „Im Namen des Vaters ...", da seufzte ein Kind in die stille Kirche: „Endlich!"
Das Kind hatte seinem Herzen Luft gemacht, die ganze Gemeinde schmunzelte und der Feierlichkeit hat es nicht geschadet. Gott sei Dank, wenn Kinder im Gottesdienst mit dabei sind!

# Ein Papst mit Humor: Johannes XXIII.

„Ich gehöre zu einer Kirche, die lebendig und jung ist und ihr Werk ohne Angst in die Zukunft hinein fortführt." Dieser Satz charakterisiert den gläubigen Mut des Papstes, der am Anfang seiner Regierungszeit manchmal fast entschuldigend sagte: „Ich bin schließlich auch nicht mehr als der Papst." Beliebt war er jedenfalls in der ganzen Welt wegen seiner Güte, seinem Lächeln, seiner Heiterkeit und seinem gelassenen Humor.

## Ein beleibter und beliebter Papst

Sich selber konnte Johannes XXIII. durchaus auf den Arm nehmen. Und er tat es gern: Es war bei seiner Inthronisation. Der Papst hatte erstmals die Sedia Gestatoria, also die Sänfte, bestiegen, damit ihn alle sehen konnten. Da fragte er die Sänftenträger, wie hoch ihr Lohn sei. Sie sagten es ihm. Da meinte er: „Das ist zu wenig! Ihr braucht eine Lohnerhöhung, denn schließlich bin ich erheblich schwerer als mein asketischer Vorgänger!"

Der beleibte Papst war ein beliebter Papst. „Der liebe Gott, der das Bäuchlein hat wachsen lassen, wird auch dafür sorgen, dass es durch das Nadelöhr geht", antwortete er schlagfertig einigen Mönchen auf dem Berg Athos, die etwas missbilligend den wohlbeleibten Don Angelo Roncalli gemustert hatten.

Einigen Damen, die sich nach ihm umdrehten und flüsternd seinen Umfang begutachteten: „Mein Gott, ist der aber dick!“, sagte er: „Aber meine Damen, Sie müssen doch wissen, eine Papstwahl ist schließlich keine Schönheitskonkurrenz!“
Als er (damals Nuntius in Paris) den französischen Gelehrten Henri Daniel-Rops empfing, sagte er seufzend zu dem schmalen Historiker: „Wir sollten den lieben Gott gemeinsam bitten, er möge doch die Hälfte vom Fett, das ich zuviel habe, Ihnen überlassen!“
Wegen seiner vollen Figur hatte er die ersten Probleme direkt nach der Wahl zum Papst. Der päpstliche Schneider hatte zwar vier verschiedene Größen an päpstlichen Soutanen bereitgelegt. Aber keine war dabei, die ihm passte. Später sagte er dazu: „Ich kam mir vor wie ein Wickelkind, denn man hatte für meine Figur keine passende Soutane bereitgelegt, und so war ich also eingeschnürt wie eine Mumie.“
Zu den ersten Fotos sagte er vertraulich zu seinem Sekretär: „Der liebe Gott wusste doch schon seit 77 Jahren, dass ich Papst werden würde. Er hätte mich schließlich ein bisschen fotogener machen können!“

## Nimm dich nicht so wichtig

Die Menschen hatten Vertrauen zu ihm. Und umgekehrt war er selber ein Mensch, der den anderen von Herzen zugetan war und sie verstand. Da kam – so erzählt die wohl bekannteste Anekdote – ein neu ernannter Bischof zu Johannes XXIII. und beklagte sich, dass er wegen der Bürde des Amtes kaum mehr schlafen könne. Der Papst nahm ihn beiseite und flüsterte ihm zu: „Lieber Mitbruder, mir ging es in den ersten Wochen genauso, als ich Papst geworden war. Aber dann sagte mir mein Schutzengel im Traum: ‚Johannes,

nimm dich nicht so wichtig!' Und seitdem schlafe ich wieder recht gut."
Der Papst hatte sich wohl bei diesem Gespräch erinnert bzw. wurde erinnert, dass es der Heilige Geist ist, der eigentlich die Kirche regiert. Das gab ihm Gelassenheit und zugleich den Mut etwas ganz Unerwartetes anzukündigen: ein Konzil, das als Zweites Vatikanisches Konzil in die Geschichte der katholischen Kirche einging. Am 31. Oktober 1962 drang seine optimistische Einstellung in die Herzen der 2300 Konzilsväter: „Wir sind völlig anderer Ansicht als diese Unglückspropheten, die ständig Katastrophen ankündigen, als ob die Welt vor ihrem Ende stünde."
Johannes nannte bei der Eröffnung des Zweiten Vatikanischen Konzils am 11. Oktober 1962 seine Hoffnungen: „Wir erwarten einen Sprung nach vorwärts, der einem vertieften Glaubensverständnis zugute kommt." Er sang also nicht einfach das Lob der guten alten Zeit und stimmte das allgemeine Lamento über die Gegenwart und die Zukunft als die schlechtesten aller Zeiten an. Ihm ging es um das recht verstandene „Aggiornamento", das Heutig-Werden, es ging ihm um die Sendung der Kirche für die Gegenwart und die Zukunft, und damit ging es ihm besonders um die Menschen.
Schon lange zuvor hatte Johannes XXIII. seine Erwartung an das Konzil mit einer eindrücklichen Geste formuliert, indem er sich dabei dem Fenster näherte, als wollte er es öffnen: „Vom Konzil erwarte ich einen frischen Luftzug ... Es gilt, den kaiserlichen Staub, der sich seit

Konstantin auf den Thron des heiligen Petrus gesetzt hat, abzuschütteln."

Von einigen mutigen Neuerungen sagte er später: „Was habe ich schon Neues getan? Ich habe keine Neuerungen eingeführt. Ich gehe meinen Weg, geführt von der einfachen Denkart, die ich von zu Hause geerbt habe."

Wie sehr er Vergangenheit und Zukunft miteinander verbunden hat, sagte er einer Gruppe von Laien: „Wir weilen nicht hier auf Erden, um ein Museum zu hüten, sondern um einen blühenden Lebensgarten zu bestellen, dem eine glorreiche Zukunft verheißen wurde!"

Ähnlich formulierte er bei einer anderen Audienz: „Die Kirche ist kein Museum für Altertumskunde, sondern ein antiker Born, der sein Wasser den heutigen Generationen so spendet, wie er es auch in der Vergangenheit getan hat."

## „Ich bin Joseph, euer Bruder!"

Mit seiner Herzlichkeit erschloss Johannes XXIII. die Herzen. Beispielsweise ging er bei einer Audienz auf die 200 jüdischen Delegierten aus den USA mit offenen Armen zu und rief: „Ich bin Joseph, euer Bruder!" Was hätte er Besseres sagen können, um das Eis zu brechen? Im Übrigen war es dann Johannes XXIII., der aus den Gebeten der Karfreitagsliturgie die Worte von den „treulosen Juden" streichen ließ. Dazu schrieb er: „Wir erkennen, dass viele Jahrhunderte der Blindheit unsere Augen bedeckt haben, so dass wir die Schönheit deines auserwählten Volkes nicht mehr sehen und in seinem Gesicht nicht mehr die Züge unseres erstgeborenen Bruders wiedererkennen. Vergib uns!"

Ein andermal wandte er sich an Christen, die von Rom getrennt sind, mit den Worten: „Gestattet, dass Wir

euch mit innigem Verlangen Brüder und Söhne nennen, und beachtet, dass Wir euch nicht in ein fremdes Haus einladen, sondern in das eigene, gemeinsame Vaterhaus." Seine Ursprünglichkeit und Herzlichkeit korrespondierte mit seiner Heiterkeit.
Der Papst liebte nicht die Bannflüche gegen die Theologen; aber schlechte Theologen liebte er auch nicht. Er erklärte: „Die heutige Kirche zieht es vor, eher die Waffen der Barmherzigkeit anzuwenden als jene der Strenge."
Zu einem Textentwurf für das Konzil nahm er ein Lineal zur Hand und sprach zu seinem Vertrauten: „Sehen Sie nur – in diesem Entwurf gibt es dreißig Zentimeter Verurteilungen!"
Das Konzil sollte für ihn in erster Linie eine Handlung der Liebe sein. So schrieb er an Kardinal Suenens: „Überall, wo Rom ist, muss es auch mütterliche Liebe geben!"
Schon als Patriarch und Erzbischof von Venedig sprach er zu einem jungen Priester: „Ich will mich wie ein Vater verhalten und nicht wie ein Gendarm!"

## Bewegung im Vatikan

Gerne ging Johannes XXIII. spazieren. Die amerikanischen Journalisten verpassten ihm deswegen den Beinamen „Jonny Walker", in etwas respektloser Anlehnung an eine Whiskymarke. Die Wanderungen unterbrach er gern zu einem Schwätzchen. Als man ihm vorhielt, er gehe zu viel spazieren, gab der Papst zurück: „Sie sagen also, dass ich tagsüber zuviel unterwegs bin. Nun gut, dann werde ich nur noch nachts ausgehen!"
Zum Essen lud er Gäste ein, weil er nicht allein sein wollte, wie es sein Vorgänger Papst Pius XII. gehalten hatte: „Wir sind gottlob weder leberkrank noch nervenschwach. Deshalb lieben Wir die Gesellschaft von

Menschen, und es gefällt Uns unter Menschen zu sein. Ich habe in der Heiligen Schrift nichts gefunden, was den Papst verpflichtet allein zu speisen."
Mit hochgestellten Gästen verstand er ebenso gut zu plaudern wie mit Handwerkern. In Erinnerung blieb, wie er die neuen Rekruten der Schweizergarde im Vatikan zu einem Gläschen Wein einlud. Und das Gerücht ging um, er habe ganz persönlich per Telefon den Wein und die Speisen dazu bei einem Geschäft in Rom bestellt.
Aber ganz besonders menschlich (und verständlich) ging es einmal bei einer öffentlichen Audienz zu: Der Papst hatte sich auf Englisch an eine Gruppe von Engländern gewandt. Aber sein Englisch war schwach entwickelt und bald gab er sein Radebrechen auf. Daraufhin beauftragte er einen Prälaten, ihn wegen seiner mangelnden Sprachkenntnisse zu entschuldigen; er werde bis zum nächsten Mal besser Englisch lernen. Und dann sagte er zu seinem Nachbarn, in der Meinung, dass das Mikrofon schon abgeschaltet wäre: „Basta! Wenn die da denken, dass ich noch das Englische lernen werde, dann müssen sie noch lange warten!"
Bei der Heiligsprechung des Vinzenz Pallotti am 22. Januar 1963 gab er am Ende seiner Ansprache selbstkritisch zu: „Meine Rede war ein bisschen zu lang. Aber sie entsprach wohl irgendwie der geheimnisvollen Atmosphäre über der Menge, die vielleicht allen zu Herzen ging."

## Ein Sohn einfacher Eltern

Man darf ruhig fragen: Was ist das Geheimnis seines „Erfolges"? Woher hat Johannes XXIII. dies alles? Warum ist er so gut mit dem Leben und allem Schicksal zurechtgekommen?

Ein Brief aus dem Jahre 1930 an seine Eltern gibt eine erste Antwort. Er verdankt ihnen viel: „Nachdem ich Euer Haus mit ungefähr zehn Jahren verlassen habe, habe ich viele Bücher gelesen und viele Dinge gelernt, die Ihr mich nicht lehren konntet. Aber die wenigen Dinge, die ich bei Euch zu Hause gelernt habe, sind die köstlichsten und wichtigsten geblieben und beleben mit ihrer Wärme die vielen anderen, die ich später in so langen Studien- und Lehrjahren gelernt habe." Und ein anderes Mal schrieb er von seinem Vater: „Seine Augen sind voll Licht und Lächeln." Seiner einfachen und armen Herkunft schämte er sich nie: „Arbeitsadel" der Bauern sagte er dazu.

Mit Ernst und Schmunzeln führte Johannes XXIII. einmal aus: „Die Italiener ruinieren sich mit Vorliebe auf dreierlei Art: durch die Frauen, durch das Spiel oder durch die Landwirtschaft. Mein Vater wählte die mühseligste Art des Ruins, den Ackerbau."

Seine echt italienische Art, beredt zu schweigen, brachte er diplomatisch zum Ausdruck: „Ein guter Diplomat ist entweder stumm wie ein Maulwurf oder so geschwätzig, dass alle Äußerungen an Bedeutung verlieren. Da ich Italiener bin, bevorzuge ich die zweite Lösung."

Italienisch war auch seine Antwort auf die Frage: „Heiliger Vater, wie viele Menschen arbeiten eigentlich im Vatikan?" Der Papst mit einem Augenzwinkern: „Ich hoffe, wenigstens die Hälfte!"

Wer arm und einfach lebt, so wie Papst Johannes XXIII., der sieht auch die guten und heiteren Seiten des Lebens und schätzt die einfachen und kostenlosen Freuden: den Scherz und die Fröhlichkeit. Der weiß

auch, dass alle Dinge dieser Welt nur vorläufigen Charakter haben und nur Durchgangsstationen sind. Dazu verhalfen seine Eltern.
Johannes XXIII. liebte auch sehr die Fabeln des französischen Dichters La Fontaine: „Nicht deshalb, weil er sehr katholisch gewesen wäre, und auch seine Moral scheint mir ziemlich fragwürdig. Aber dieser Teufelskerl steht wenigstens mit beiden Füßen auf der Erde!"

## „Wer Glauben hat, zittert nicht"

Neben seiner Heiterkeit, die in unzähligen Anekdoten verewigt ist, besticht bei Johannes sein Lebensernst. Deutlich zu sehen ist dies in seinem „Geistlichen Tagebuch". Es ist ein Beweis dafür, dass sein Humor gespeist ist aus seinem religiösen Streben und seinem tiefen Glauben. Immer wieder finden sich durch viele Jahrzehnte des Tagebuchschreibens die gleichen Vorsätze. Er muss sich beständig vornehmen, seine Frömmigkeitsübungen aufs Genaueste zu halten, den Geist des Gebetes bei sich zu fördern, sich um mehr Güte und Geduld zu bemühen. „Ich will ein gütiger Hirte und Vater sein", nimmt er sich vor. „Meine höchste Aufgabe liegt darin, um jeden Preis ein Heiliger zu werden." Und: „Es ist besser, fröhlich als traurig zu sein."
Vor Jahren ging bei uns in Deutschland ein Umfrageergebnis herum: „Die Kirchgänger sehen immer so verkniffen und mürrisch aus." Ob dieses Ergebnis wirklich stimmt? Es sollte uns Christen auf jeden Fall nachdenklich machen. Denn zur „Frohen Botschaft" gehört sicherlich eine heitere Gelassenheit. Sie steht dem Christen gut an. Die Freude verträgt sich mit dem Glauben und mit Gott. Jedenfalls ist „an Gott vorbei die Freude auf Dauer nicht zu haben".

Seine Heiterkeit vermittelte Johannes XXIII. eines Tages einer Gruppe von Fallschirmjägern in einer Privataudienz. Er pries ihren Mut, fügte aber hinzu: „Ihr lernt mit solchem Eifer, wie man vom Himmel herunterfällt, dass ich möchte, ihr würdet nicht vergessen, wie man wieder hinaufkommt!“
Johannes XXIII., der gute, liebenswerte und heitere Papst, kann uns auch im 21. Jahrhundert zur Freude und einer echt christlichen Heiterkeit ermuntern. Wir verdanken ihm viel!

# Heiteres aus Kirche und Welt

Das Witzeerzählen lässt sich gut mit dem Reden und Predigen vergleichen. Denn „eine gute Rede soll das Thema erschöpfen und nicht die Zuhörer", meinte der britische Staatsmann Winston Churchill. Lange vor ihm erklärte Martin Luther: „Eines guten Redners Amt oder Zeichen ist, dass er aufhöre, wenn man ihn am liebsten höret." Mit dem Witzeerzählen soll man also auch rechtzeitig aufhören. Dass es insgesamt dafür jedenfalls ein gutes Gedächtnis braucht, damit man nicht den Faden verliert, nicht die Pointe vorher herausrutschen lässt und man nicht den Schluss vergisst, das versteht sich von selbst. Der große antike römische Redner Marcus Fabius Quintilian sagte dazu: „Das Gedächtnis ist die Schatzkammer der Redekunst", auch wenn er damit auf die große freie Rede der damaligen Zeit abzielte.

## Gewinn

Bei der Beerdigung ließ der Gemeindepfarrer am Grab das Lied singen: „Christus, der ist mein Leben, Sterben ist mein Gewinn!" (Gotteslob Nr. 662). Auch der Bestattungsunternehmer sang kräftig mit. Hinterher gestand er dem Pfarrer: „Ich

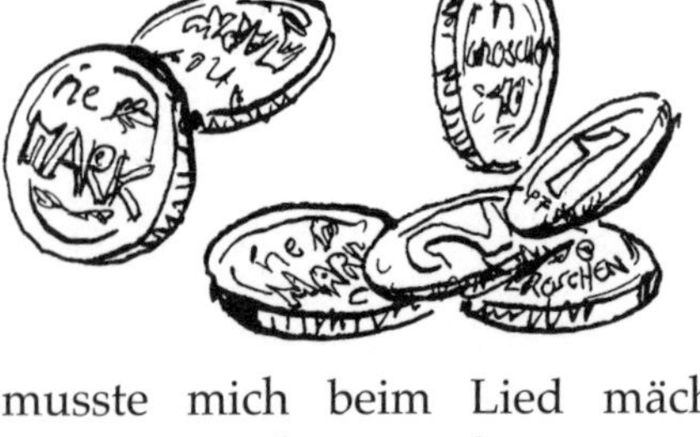


musste mich beim Lied mächtig zusammennehmen, um nicht zu lachen. Denn ich habe die ganze Zeit nur an meinen Gewinn beim Geschäft denken müssen."

### Das verfluchte Beichten

Beichtet eine Frau: „Ich habe geflucht!" Darauf der Beichtvater: „Was haben Sie? Geflucht? Verflucht noch mal, das überlassen Sie bitte den Männern!"

### Die Macht der Frau

Fünf Leute hingen an einem Seil von einem Hubschrauber: vier Männer und eine Frau. Da das Seil nicht stark genug war, um alle auf Dauer zu halten, musste einer von ihnen loslassen, sonst würden sie alle abstürzen. Sie beschlossen, eine Rede zu halten, wer das sein sollte. Schließlich war die Frau an der Reihe. Sie hielt auch eine Rede und sagte, sie würde freiwillig loslassen, weil Frauen es gewohnt seien, alles für die Familie aufzugeben, Männern alles zu schenken und nichts dafür zurückzubekommen. Als sie mit der Rede fertig war, klatschten alle Männer Beifall ...

### Da gibt's nichts: Ich bin Diabetiker

Der zum Tode Verurteilte wird morgens geweckt. „Sie haben noch einen letzten Wunsch frei." – „Gut. Ich möchte eine Tasse Kaffee haben." – „Mit Milch und Zucker?" – „Um Gottes willen, nein! Ich bin doch Diabetiker!"

### Du bist der Nächste

Der neue Pastoralreferent, von schönem Äußeren, ledig, ein Schwiegersohntyp, wurde bei Hochzeiten

immer von den Müttern vielsagend aufgezogen: „Sie sind der Nächste!“
Sie haben damit aufgehört, als er anfing, bei Beerdigungen das Gleiche zu sagen.

## Test für Pfarrgemeinderäte

Beim Seminar für Pfarrgemeinderäte sollten die Teilnehmenden lernen, gemeinsam im Team Lösungen zu erarbeiten. Den Männern war die Aufgabe gestellt, die Höhe einer Fahnenstange zu messen. Sie besorgten sich eine Leiter und ein Maßband. Die Leiter war aber zu kurz. Also holten sie einen Tisch, stellten dann noch einen Stuhl auf den Tisch, aber der wacklige Aufbau fiel um. Was tun, um zur Lösung zu kommen?
Eine Frau kam vorbei, zog die Fahnenstange heraus, legte sie auf den Boden, nahm das Maßband, maß die Stange, schrieb das Ergebnis auf einen Zettel und drückte ihn einem der Männer in die Hand. Kaum war sie weg, sagte einer: „Typisch Frau! Wir benötigen die Höhe der Stange und sie bringt uns die Länge! Wie Recht haben wir, dass wir keine Weiber in den Vorstand wählen!“

## Hochzeitstag

„Morgen ist unser Hochzeitstag“, sagte Emil am Stammtisch.
„Ein Jubiläum?“
„Ja. Blecherne Hochzeit. Fünfzehn Jahre Essen aus der Dose.“

## Da tickt was

Die Pfarrsekretärin ruft bei der Polizei an: „Wir haben ein Paket erhalten. Und da drin tickt eine Bombe. Was soll ich machen?"
„Wir kommen sofort! Solange sie tickt, haben sie nichts zu befürchten."

## Pessimist

Was ist ein Pessimist? – Ein Pessimist ist ein Mensch, der sich bei der Wahl zwischen zwei Übeln für beide entscheidet.

## Pfarrausflug

Der Bus ist gegen einen Baum gefahren. Fragt die Polizei den Fahrer: „Wie ist denn das passiert?" – „Weiß ich auch nicht", zuckt der Fahrer mit den Schultern. „Als es geschah, war ich gerade hinten und hab Würstchen heiß gemacht."

## Meditation

„Mein Sohn meditiert neuerdings", sagte Frau Schöner zu ihrer Nachbarin. „Ich weiß zwar nicht, was das soll, aber es ist ja immerhin besser als nur Rumsitzen und Nichtstun."

## Zukunft in der Bundesliga

„Weißt du, was mit kleinen Jungen passiert, die sonntags nicht in die Kirche gehen und stattdessen Fußball spielen?", fragt der Pfarrer den kleinen Ministranten. – „Klar. Eines Tages spielen die beim FC Bayern München und verdienen eine Menge Geld."

## Reservierung

„Wir haben beim Pfarrfest einen Tisch bestellt."
„Das ist gut. Wir kaufen immer beim Möbelgiganten Segmüller."

## Fernsehgewohnheiten

Der Pfarrer sitzt mit seinem Kaplan wie immer vor dem Fernseher. Plötzlich sagt er: „Mir ist, als hättest du soeben was gesagt?" – „Nein, nein", sagt der, „das war schon vorgestern!"

# Gereimtes zu Fastnacht und Karneval

Solange der Pfarrer noch zur Predigt auf einer Kanzel stand, hat er wirklich sichtbar über die Köpfe hinweggepredigt. Dafür war allein schon der Ort der Predigt verantwortlich. Aber auch inhaltlich kann eine Predigt leicht über die Köpfe der Gemeinde hinweggehen. Dann stöhnen die Leute über den Pfarrer: „Am Werktag ist der Pfarrer unsichtbar. Und am Sonntag ist er unbegreiflich!"
Fastnacht und Karneval stellen eine Gelegenheit dar, die Predigt in anderer Gestalt zu bringen: in Reim, mit Geist und Humor – eben mal ganz anders als sonst. Man darf sicher sein, dass die Gemeinde aufmerkt und die altbekannten Inhalte wegen ihrer neuen Form besser aufnimmt.

*Vor einigen Jahrhunderten wurde ein Papst gefragt: „Könnte der Papst nicht die so harte Fastenzeit von 40 Tagen aufteilen auf vier Zeiten mit je 10 Tagen?" – Der Papst kannte den adligen Fragesteller anscheinend recht gut und antwortete ihm: „Diese Änderung könnte ich natürlich leicht herbeiführen. Aber ich habe das Bedenken, dass Sie dann zwar viermal im Jahr Karneval feiern, aber kein einziges Mal fasten!"*

## Ich komme schwarz und klerikal

Zugegeben: Nicht für jeden Prediger eignet sich die gereimte Form einer Predigt. Und er muss wirklich gut überlegen, was er sagt. Denn ein Witz nur um des Lachers willen, passt nicht unbedingt zum Gottesdienst. Und wenn dem Prediger auch sonst im Leben der Humor nicht besonders liegt, soll er auch am Fast-

nachtssonntag lieber die Finger davon lassen, oder genauer gesagt, er soll predigen wie immer. Das fällt nicht auf. Die Kanzel zur Bütt machen, dazu braucht der Seelsorger eine eigene Begabung. Die lernt man nicht im theologischen Studium. Wer kann schließlich wie der Würzburger Pfarrer Josef Treutlein so locker schon den Einstieg in die gereimte Predigt dichten?
*„Heut' spricht zu euch die Kirchenmaus, / die hier in diesem Gotteshaus / so manches sieht und riecht und hört, / was durchaus der Erwähnung wert."*
Und als ihm von den närrischen Damen beim Frauenfasching im Pfarrsaal die neue Krawatte abgeschnitten wurde, dichtete er: *„Ich komme schwarz und klerikal, / nicht mit Krawatte oder Schal, / tu' mich wie Don Camillo kleiden, / dann gibt es nichts mehr abzuschneiden."*

Am besten predigt es sich auch bei einer Faschingspredigt getreu nach der fränkischen Lebensweisheit: „Lange Bratwürst' – und kurze Predigten!"
Vielleicht findet sich jemand in der Gemeinde, der dem Pfarrer in seinen gereimten Worten auf die Sprünge hilft, damit Reim und Pfarrer und Kirche zusammenpassen. Denn nicht nur Bundeskanzler oder Minister dürfen ihre „Redenschreiber" (Ghostwriter) haben.
Verkleiden muss sich der Pfarrer für diese Predigt nicht, das wäre respektlos im Gotteshaus. Das Maskieren darf er getrost den Karnevalisten und Jecken in der Bütt überlassen – die können es besser und denen steht es besser. Aber gelungener Reim und Humor passen an einem solchen Sonntag zur Predigt. Vor allem dann, wenn die Gemeinde es zu schätzen weiß. Ein Beispiel für eine gereimte Predigt ist hier angefügt.

## Wort von Gott auf gereimte Weise

*Liebe Christen, an einem Sonntag wie diesem,*
*lass ich ausnahmsweise in der Predigt Verse sprießen.*
*So hoffe ich, wird Gottes Wort durch Menschen Mund*
*euch heute auf gereimte Weise kund.*

*„Das Lachen in der Kirche" – so stand als Thema auf einem Plakat,*
*das für einen Vortrag in der Pfarrei zu werben hatt'.*
*Doch Bubenhände ergänzten den Text mit List;*
*dann hieß es: „Das Lachen in der Kirche – verboten ist."*

*Dabei ließ eine Untersuchung vor vielen Jahren*
*die Christen zu ihrem großen Schrecken erfahren,*
*sie wären in der Kirche alle so traurig und verkniffen,*
*als hätten sie durch die Bank nicht begriffen,*
*dass Jesus eine Botschaft kündet,*
*die in der Freude an Gott sich gründet.*

*Seit ewig weiß doch jeder: Mit einem Tropfen Honig, das ist toll,*
*man mehr Fliegen fängt als mit Essig, einem ganzen Fasse voll.*
*Und statt zu jammern und zu sagen „Ärgert euch!",*
*verkündet Jesus einfach: „Freuet euch!"*
*Denn die Freude, das weiß jedermann,*
*die trennt nicht, die steckt an.*

*Dass man in der Bibel anscheinend nicht lacht?*
*Dies hat manchen schon um den Schlaf gebracht.*
*So forschten die Schriftausleger mit Eifer und Fleiß*
*und redeten sich die Köpfe heiß:*
*Ob Jesu selber wohl Witze gekannt?*
*Bis heute ist das nicht eindeutig bekannt.*

*Jedenfalls, hätte Jesus mit saurer Miene gepredigt,*
*das Reich Gottes wäre von vornherein gewesen erledigt.*
*Er sprach lieber von der Freude*

*und hilft damit uns Menschen von heute.*
*Und wer bei Jesus gar Drohbotschaft erkennt,*
*der hat bei Lesung und Evangelium gepennt.*

*Das Evangelium, ich hab's genau im Ohr,*
*beweist uns, Jesus hat durchaus Humor.*
*Sogar die Mahnung zur Bekehrung*
*ist bei ihm frohmachende Belehrung.*

*Ein paar Beispiele will ich nennen,*
*die der Bibelleser tut wohl kennen.*
*„Den Splitter im Auge des Bruders genau zu sehen,*
*doch den Balken im eigenen Auge zu übergehen? –*
*Dieser Satz steckt voll von spitzem Humor*
*und Jesus trägt ihn augenzwinkernd vor.*

*Oder sich vorzustellen, dass eher ein Kamel durch ein winziges Nadelöhr flitzt,*
*als dass ein Reicher mit seinem Reichtum im Himmelreich sitzt ...*
*Oder dass Jesus einen Glatzkopf als Beispiel erwählt,*
*um ihm zu sagen, die Haare auf deinem Kopf sind alle gezählt ...*
*Und schließlich hätte den König Salomo ergrimmt,*
*dass Jesus ihn als Beispiel nimmt*
*und ihm sagt: Die Lilien, die Blumen und das Gras auf den Feldern*
*sind tausendmal schöner als du in deinen Prachtgewändern ...*

*Und dann flüstert Jesus mit leichtem Humor*
*den besonders Frommen etwas ins Ohr:*
*Wer öffentlich fastet, so dass ihn deshalb alle loben,*
*der erhält keinen Lohn im Himmel dort oben ...*
*Wer nur betet, um aufzufallen,*
*der findet beim himmlischen Vater kein Gefallen ...*
*Wer mit dem Finger zeigt und andere als Sünder benennt,*
*muss wissen, dass Gott selbst deine heimlichsten Gedanken und Taten kennt.*

*Bei all dem tröstet: Vor ihm sind wir Sünder,*
*aber trotzdem seine geliebten Kinder ...*

*Jesus bringt, wir hören's, in seine Verkündigung Humor,*
*und macht uns Heutigen damit was vor. –*

Hier wurde der vorsichtige Versuch der gereimten Predigt vorerst abgebrochen. Denn nur allgemein gehalten und gesprochen versagen die Reime. Sie brauchen das Gegenüber einer aufgeschlossenen Gemeinde und die Erfahrung von aktuellen Vorkommnissen, die sich lohnen, in der Predigt angesprochen zu werden und so zur Freude beizutragen. Dass nicht jeder Witz auf der Kanzel was taugt, der auf der Bütt gerade noch durchgehen mag, versteht sich von selbst. Auch ein Prediger, der ein „geborener Karnevalist" ist oder sich dafür hält, darf sich nicht selber jede beliebige Formulierung durchgehen lassen und das Feingefühl in der Sakristei zurücklassen. Denn wie sollte sich ein Betroffener wehren können?
Die gereimte Predigt zum Fastnachtssonntag braucht durchaus viel an Vorbereitung und Vorüberlegung, soll sie auch an diesem Anlass aufbauen und für den Glauben förderlich sein. Die Mühe dafür lohnt sich aber. Dann gähnt auch niemand, und niemand muss aus dem Buch Tobit das 6. Kapitel mit dem Vers 3 zitieren, wo steht: „O Herr, er will mich fressen!"

# „Erzähl mir einen guten jüdischen Witz"

Zugegeben, schon gleich am Anfang: Die besten jüdischen Witze kann nur ein Jude erzählen. Denn er versteht präzise den religiösen und politischen Hintergrund, bringt die richtige sprachliche Einfärbung im Erzählen und ist zudem erhaben über jede Missdeutung. Und wenn er lacht, kann keiner etwas dagegen haben. Der jüdische Witzekenner sagt deshalb: „Strengen Sie sich nicht so an, wir Juden machen schon über uns selber die besten Witze!"

## Hat Jesus Witze gemacht?

Hat Jesus Witze gemacht? In einer Karikatur jedenfalls ließ der Zeichner um Jesus herum seine Jünger sitzen. Sie murrten: „Immer nur Gleichnisse! Kannst du nicht mal einen guten jüdischen Witz erzählen?"

Wir dürfen annehmen (jedenfalls ich tue es), dass es Jesus gekonnt hat und sicher ein humorvoller Mensch war. Schließlich war er außer der Sünde in allem uns gleich ... somit auch in der Fähigkeit und Bereitschaft zum Humor und zur Freude.

## Schon übers Beten kann man schmunzeln ...

Mancher fragt bei den Witzen: Darf man über die Dinge der Religion überhaupt Witze machen? In die Verwirklichung der Religion auf Erden sind wir Menschen verwickelt. Darum gibt es natürlich in vielen

Situationen auch recht lustige Dinge zu beobachten. Und dabei wird manches sogar klarer als durch noch so ernsthafte Überlegungen.

Da betet beispielsweise ein Jude mit großem Stimmaufwand und heftiger Gebärde. Sein Nachbar beschwichtigt ihn: „Mit Gewalt wirst du hier gar nichts ausrichten!“ Und er fügt hinzu: „Des Allmächtigen Wille geschieht sowieso immer!“
Darauf der andere: „Woher weißt du das?“
„Nun, wenn es nicht so wäre, dann würde mein Wille doch auch manchmal geschehen.“

Mit Ernst und mit lächelndem Auge betete ein anderer Jude: „Lieber Gott, du erbarmst dich doch über ganz fremde Leut – warum nicht auch über mich?“

Mit Gebet hat die folgende Geschichte im weiteren Sinn etwas zu tun. Beten ist schließlich Sprechen mit Gott: Da bittet Gott den Mose, er soll ihm sagen, welches Land er sich als „Gelobtes Land“ wünsche. Mose denkt darüber nach, betrachtet alle möglichen Gesichtspunkte im Für und Wider und entscheidet sich schließlich für Kalifornien. Wir wissen jedoch, dass Mose gestottert hat, und so lautet seine Antwort: „Ka ..., Ka ..., Ka ...“ Und Gott will seinen treuen Diener sofort zufrieden stellen und sagt zu ihm: „Kanaan willst du also? Dieses öde Wüstenland? Ich staune über dich. Nun gut, Mose, du willst unbedingt Kanaan, also sollst du auch Kanaan haben!“

## Und dann erst der verehrte Rabbi ...

Wie der Christ mit seinem Pfarrer, so macht ein gläubiger Jude besondere Erfahrungen mit seinem Rabbi:

*Einer fragt seinen Glaubensgenossen: „Was hat unser Rabbi mit einem Wegweiser gemeinsam?“ – Die Antwort darauf gibt er gleich selber: „Beide weisen den Weg und gehen ihn selber nicht.“*

*Schließlich unterhält er sich mit einem Geschäftspartner über seinen Rabbi. Und er gibt kräftig mit ihm an: „Hast du schon von dem neuen Wunder gehört, das unser Rabbi vollbracht hat?“ Der Kollege antwortet ihm jedoch: „Gib nicht so an mit deinem Rabbi! Du hältst es für ein Wunder, wenn Gott tut, was euer Rabbi will. Bei uns ist es ein viel größeres Wunder, wenn unser Rabbi tut, was Gott will!“*

Mit der Größe des jüdischen Bethauses ist es wie mit der Größe der christlichen Kirchen, sinniert ein Jude. *„Würde die ganze Gemeinde hineingehen, dann gingen niemals alle hinein. Weil aber nicht die ganze Gemeinde hineingeht, deshalb geht die ganze Gemeinde spielend hinein.“* Diese Überlegung gehört schon fast zur höheren Philosophie ...

Hintergründig-philosophisch ist auch die Unterredung des Rabbi mit seinem Söhnchen, derweil sie spazieren gehen durch die verschneite Winterlandschaft: *Der Vater: „Schau nur, wie wunderbar Er, der Allmächtige (der liebe Gott), den See hat zufrieren lassen!“ – Darauf der Kleine: „Kunststück – im Winter!“*

## Aber zuerst kommt das Alte Testament ...

Vielfältig und alltäglich sind die Begegnungen der Religionen:

*Als der spätere Papst Johannes XXIII. noch Nuntius war, traf er bei einem diplomatischen Empfang vor der Tür mit dem jüdischen Oberrabbiner zusammen. Jeder wollte dem anderen höflich den Vortritt lassen. Es ging also hin und her. Schließlich schob Nuntius Roncalli seinen jüdischen Kollegen lachend durch die Tür und bemerkte: „Sie müssen den Vortritt haben. Schließlich kommt nach unserer Auffassung vor dem Neuen Testament zuerst das Alte Testament!"*

*Während des Konzils, das Papst Johannes XXIII. einberufen hatte und das wir heute Zweites Vatikanisches Konzil nennen, stehen zwei Juden auf dem Petersplatz und betrachten die Kardinäle und Bischöfe und ihre großen Autos, mit denen sie ankommen. Sagt der eine: „Die haben's weit gebracht! Und mit einem Esel hat das Ganze angefangen." – Darauf der andere: „Da wäre noch viel mehr aus der römischen Kirche zu machen. Es müsste eben nur ein Jude in die Hand nehmen."*

> *Es trafen sich der Kardinal und der Oberrabbiner bei einem Festessen. Der Kardinal bietet ihm die Schinkenplatte an: „Wann werden Sie endlich Schinken essen dürfen?" – Des Juden Antwort: „Bei Ihrer Hochzeit, Herr Kardinal!"*

*Schließlich hat ein Jude konvertiert zum katholischen Glauben. „Nun, hat dein neuer Glaube bewirkt, dass du weniger sündigst als zuvor?" – Er seufzt: „Das freilich nicht. Aber es hat die Sache bedeutend komplizierter gemacht."*

Aber schon vor der Taufe hat er eine kleine Schwierigkeit: *„Was zieht man denn zur Taufe eigentlich an?", fragt er ein in kirchlichen Kleiderfragen erfahrenes Mitglied seiner neuen Glaubensgemeinschaft. – Der lächelt: „Ja, verehrter Herr Kohn, wir kommen dazu immer in Windeln."*

## Gibt es eigentlich Unterschiede?

Was heißt schon „Unterschiede"? Es „menschelt" bei den Gläubigen aller Religionen und Konfessionen. Und bei denen, die sich nirgendwo angesiedelt fühlen, ebenso. In dieser Hinsicht wenigstens sind alle Menschen gleich. Und keiner hat Grund stolz zu sein. Oder doch?

*Da sitzt ein Jude bei einem bunten Abend neben einem ihm völlig Unbekannten. Ein Zauberer tritt auf. Der Jude wendet sich voll Stolz an seinen Nachbarn: „Einer von unsere Leut!" Eine Sängerin tritt auf: „Auch eine von unsere Leut!", freut er sich. Dann eine Tanzgruppe: „Auch von unsere Leut aus Israel!", erklärt er wieder dem Nachbarn. Der stöhnt: „O Jesus!" Darauf der Jude: „Auch einer von unsere Leut!"*

Und schließlich haben alle, Katholiken, Juden und Protestanten, ihre Probleme mit dem lieben Geld:

*Der katholische Pfarrer zieht mit Kreide einen großen Kreis, wirft die Kollekte hinein und sagt: „Was im Kreis liegt, gehört der Gemeinde. Was außerhalb liegt, stecke ich selber ein!" – Der Rabbiner: „Ich ziehe mit Kreide einen Strich und werfe das Geld darauf. Was auf dem Strich liegt, gehört der Gemeinde. Was rechts und links daneben liegt, gehört mir!" – Der ganz moderne evangelische Pfarrer erklärt bibelfest: „Ihr macht es viel zu kompliziert. Ich werfe alles Geld in die Luft. Was oben bleibt, gehört dem lieben Gott. Und der Rest bleibt für mich!"*

Vier Vertreter verschiedener Religionen unterhalten sich über Gott:

*„Gott ist im Himmel", weiß der katholische Pfarrer.*
*„Gott ist auf der Erde", versichert der evangelische Pastor.*
*„Gott ist in uns", zitiert der buddhistische Mönch seine Lehre.*
*„Gott ist dort, wo man ihn einlässt", fügt der jüdische Rabbiner weise hinzu.*

Gehören die Witze einer Religion oder Konfession? Viele Witze sind bekanntlich „Wanderwitze", die mal von Juden, mal von Christen, mal von anderen Gruppen erzählt werden und auf die jeweilige Gegengruppe gemünzt sind. Manche Feinheiten der eigentlich „echten" jüdischen Witze versteht man nur mit vielen Erklärungen (wie sie beispielsweise Salcia Landmann in ihren Witzsammlungen gibt). Dann aber werden sie schon langatmig und verlieren leicht ihr spezifisches und ursprüngliches Flair. Solange man miteinander und übereinander etwas zu lachen hat, ist auch der konfessionelle und interreligiöse Friede gesichert.

## Redekunst und Körpersprache

Redeschulen vermitteln für gutes Geld, welche Körpersprache und Gestik bei einer Rede angemessen sind. Südländer und Juden brauchen anscheinend solche Kurse für Gestik nicht. Die freie Rede in der Öffentlichkeit scheint angeboren zu sein:

*Bei einem heftigen Sturm kentert das Schiff. Alle ertrinken, außer den beiden Juden, die das rettende Ufer erreichen. Man fragt sie interessiert: „Wie habt ihr es nur geschafft, so lang und so weit zu schwimmen?"*

*„Wir können gar nicht schwimmen!", antworten die beiden. „Wie aber habt ihr euch dann gerettet?"*
*Heftig mit den Händen gestikulierend, antworten sie: „Wir haben einfach weitergeredet!"*

Wie sehr Freude, Humor und Witz in irgendeiner Weise auf Gott bezogen sind, sagt eine chassidische Weisheit: „Alle Freuden kommen aus dem Paradies, auch ein einfaches Scherzwort, sofern es nur im Geist aufrichtiger Freude gesagt wird."

# Freude bringt Licht ins Leben

*Papst Johannes Paul I. erzählt die Legende von einem Iren. Der starb unversehens und musste vor Gottes Richterstuhl. Der Ire war etwas beklommen, denn die Bilanz seines Lebens war ziemlich dürftig.*
*Vor ihm stand eine lange Reihe und der Ire wartete und hörte zu.*
*Jesus sprach der Reihe nach mit jedem Einzelnen. Zum Ersten: „Ich finde in deinem Leben: Als ich Hunger hatte, gabst du mir zu essen. Gut so! Geh ein ins Paradies!"*
*Zum Zweiten: „Ich hatte Durst und du gabst mir zu trinken." Zum Dritten: „Ich war im Gefängnis und du hast mich besucht." Und so weiter ...*
*Bei jedem prüfte sich zugleich auch der Ire und bekam es allmählich mit der Angst zu tun; denn er hatte weder Bedürftigen zu essen gegeben noch zu trinken, er hatte weder Gefangene besucht noch Kranke oder andere Werke der Barmherzigkeit getan.*
*Jetzt kam er an die Reihe. Voll Furcht schaute er auf Christus, der das Buch des Lebens durchsah. Aber Christus erhob die Augen und sagte zu ihm: „Viel steht da nicht geschrieben, lieber Mann. Aber etwas hast auch du gut gemacht in deinem Leben: Ich war traurig und mutlos und niedergeschlagen und du bist gekommen, hast mir lustige Sachen erzählt, mich zum Lachen gebracht und mir dadurch wieder Mut gemacht. Ab ins Paradies!"*

Es muss ja nicht gleich „krachledern und schenkelklopfend" zugehen, wenn wir uns freuen und lustig sind. Ein kleines Lächeln genügt schon für den Anfang!
So ein Lächeln und die Freude haben durchaus etwas mit dem Glauben zu tun. Und das hat Platz in unserer Religion.

## Evangelium ist Frohe Botschaft

Evangelium heißt übersetzt „Frohbotschaft". Es ist also eine Botschaft, die uns nicht niedermachen, sondern frohmachen und aufbauen will. Der Christ soll davon Zeugnis geben, dass Gott uns Freude bringt und dass Gott von der Schöpfung sagte: „Siehe, sie war sehr gut."
Deshalb sagt auch der Apostel Paulus: „Ihr habt nicht einen Geist empfangen, der euch zu Sklaven macht, so dass ihr euch immer noch fürchten müsstet, sondern ihr habt den Geist empfangen, der euch zu Söhnen macht, den Geist, in dem wir rufen: Abba, Vater!" (Röm 8,15). Im Brief an Titus sagt er von Jesus Christus: In ihm ist die „Güte und Menschenfreundlichkeit Gottes leibhaft erschienen" (Tit 3, 4).
Also nicht nur Witze machen uns froh. Freude ist ja eine ganz andere Sache als der Witz. Was uns froh macht, ist vielmehr eine ganz bestimmte Art und Weise, wie wir etwas sehen und wie wir leben. Gelegentlich machen wir die Erfahrung, dass manche Christenleute sehr ernst, ja zu ernst sind, irgendwie verkniffen und eng und so gar nicht fröhlich.

Darüber hat sich vor einigen hundert Jahren schon der große Theologe Thomas von Aquin seine Gedanken gemacht. Er fragte: „Was hilft gegen die Traurigkeit?", d. h., was hilft gegen die Depressionen des Lebens (Thomas: „passiones animae")? Und er gab eine interessante Antwort, indem er eine Reihe von Heilmitteln aufzählte. Ob man diese bei einem Theologen so schnell vermuten würde? Thomas von Aquin zählte jedenfalls auf:

1. Die Freude, die den Ausgleich für den Alltag schafft.
2. Die Tränen, die den Menschen heilsam bis ins Leibliche hinein lockern und klarer sehen lassen.
3. Die Freundschaft.
4. Die Meditation der Wirklichkeit, die von Nebensächlichkeiten absieht.
5. Der Schlaf, der über den Leib wirkt und dem Körper das Wohlsein zurückgibt.
6. Das Bad, das das verlorene Gleichgewicht zwischen Leib und Seele wiederherstellt.
7. Das Beten als den personalen Kontakt zur Quelle unseres Lebens.

Die Aufzählung der „Heilmittel gegen die Traurigkeit" zeigt, dass dieser Theologe die Menschen und das Leben kannte. Wir brauchen also diese Mittel auch als Christen!
Die christliche Freude tut also nicht so, als ob es kein Leid, kein Kreuz und keine Depressionen des Alltags gäbe. Nur wer das Kreuz kennt und mit den Trauernden trauert, der kann drei Tage später lachen mit den Lachenden. Der fromme Jude Martin Buber nennt übrigens den Humor „den Milchbruder des Glaubens".

## Der fröhliche Christ

Der Glaubende darf ein fröhlicher Christ sein. Auf dem Katholikentag in Dresden verteilten wir auf dem Stand der pallottinischen Gemeinschaften einen Anstecker mit der Aufschrift: „Gott liebt den frohen Christen."
Dazu sagte ein lebenserfahrener Christ: „Ich kann mir nicht vorstellen, dass Gott die schönen Dinge nur für die Sünder und Gauner gemacht hat."
Die heilige Teresa von Avila drückte es so aus: „Wenn Fasten, dann Fasten; wenn Rebhuhn, dann Rebhuhn."

## Hilfen gegen den Pessimismus

Daraus ergeben sich einige Folgerungen, die zwar ganz selbstverständlich sind, die ich aber doch in Erinnerung rufen möchte:

- „Nimm die frohen Ereignisse und die froh machenden Ereignisse in deinem Leben wahr und lass sie zu!"

Angesichts so vieler Pessimisten und Unglückspropheten ist dieser erste Rat dringend notwendig. Aber Sie wissen wohl, dass es Leute gibt, die suchen in jeder Suppe ein Haar. Und man fügt aus Erfahrung hinzu: Finden sie kein Haar in der Suppe, schütteln sie so lange den Kopf, bis eines hineinfällt. (Oder wie es Schüler gibt, die lieber zählen, wie oft der Lehrer „Äh" sagt, als auf das zu achten, was er an Wissenswertem rüberbringen will.)

- „Sammle bewusst im Gedächtnis des Herzens die Erinnerungen an jene Ereignisse, die dich einmal froh gemacht haben!"

Die Erinnerung an solche frohen Stunden sind eine Hilfe in Zeiten der Niedergeschlagenheit und des seelischen Tiefs. Manche Leute führen deswegen gelegentlich ein „Tagebuch der Freude", in dem sie aufschreiben, was sie alles an Frohmachendem erlebt haben. Dann merkt man auch, dass wir oft dazu neigen, das Negative im Leben in den Vordergrund zu stellen.

- „Sorge nicht nur für dein eigenes Glück, sondern trage bei zum Glück und zur Freude der anderen!“

Der Volksmund weiß es in seiner Erfahrung und sagt deshalb: „Geteiltes Leid ist halbes Leid, und geteilte Freude ist doppelte Freude!“ Schon mancher ist von seinen Depressionen weggekommen, weil er auf andere zugegangen ist und sich um sie gekümmert hat.

- Einmal versuchte ein Fernsehreporter Mutter Teresa während eines Interviews in die Enge zu treiben: „Sie lieben die Armen, das ist recht und gut. Aber die Kirche, der Vatikan sind reich ...“

Mutter Teresa ließ sich von der Frage nicht beeindrucken. Sie schaute dem Mann in die Augen und sagte: „Sie sind nicht glücklich. Irgendetwas verärgert Sie. Sie haben keinen Frieden!“
Verblüfft stand der Reporter da.
Mutter Teresa aber fuhr in ruhiger Weise fort: „Sie sollten Glauben haben!“
„Und wie bekomme ich Glauben?“, fragte der andere.
„Sie sollten beten.“
„Ich kann aber nicht beten.“
„Dann werde ich es für sie tun. Aber versuchen Sie einmal ihren Mitmenschen ein Lächeln zu schenken. Ein Lächeln bringt etwas von der Wirklichkeit Gottes in unser Leben. Es ist wie eine Brücke zu den Menschen und zu Gott.“

## Wer kommt in den Himmel?

Martin Buber, der jüdische Philosoph, erzählt eine interessante Geschichte von einem Rabbi:
Dieser Rabbi ging mit dem Propheten Elija über den Marktplatz. Der war voll von Menschen. Der Rabbi

fragte neugierig: „Na, wie viele von diesen werden wohl in den Himmel kommen?"
Darauf der Prophet: „Keiner von diesen!"
Nach einer Weile sagte er: „Doch, zwei kommen in den Himmel. Diese zwei dort!" – und damit deutete er auf zwei Männer in der Menge.
Der Rabbi ging neugierig auf diese Männer zu und fragte: „Was treibt ihr zwei denn so?"
Sie sagten: „Wir sind Clowns. Wenn wir zwei sehen, die sich streiten, dann versöhnen wir sie. Und wenn wir Leute sehen, die traurig sind, dann bringen wir sie zum Lachen."

# Kleines Gelächter im Himmel

„In der Welt ist's doch nur eine Komödie, und die ist bald zu Ende; wer nichts Besseres hat als diese, der ist übel dran." – So sprach König Friedrich I. 1713 auf dem Sterbebett.
Man kann das Gebet verstehen: „Lieber Gott, mach mich fromm, dass ich in den Himmel komm!" Das alte Kindergebet drückt das Ziel des Menschen aus, mit Gott einmal vereint zu sein. Wie viel Frömmigkeit es dazu braucht? Eine menschliche Maßeinheit kann man dazu nicht angeben. Denn der Himmel rechnet in anderen Dimensionen als das menschliche Hirn.
Mit unseren Maßstäben von Leistung und Lohn kann der Himmel leicht veruntreut werden, wie dies der Dichter Franz Werfel eindrücklich in seinem Roman „Der veruntreute Himmel" geschildert hat. Es geht um den Himmel, der uns von Gott geschenkt wird und der das Ziel meines und unseres Erdenlebens ist. Darf man deshalb über eine so wichtige Sache Witze machen?

## An Gott glauben

*Der Philosoph Voltaire machte gern seine Witze über die allzu frommen Leute in seiner Umgebung. Einmal saß er in der berühmten Tafelrunde von Sanssouci beim Preußenkönig Friedrich II. und tönte laut: „Wenn es einmal darauf ankommt, bin ich bereit, meinen Platz im Himmel für einen Taler zu verkaufen!" –*
*Ein Gast erwiderte ihm preußisch-korrekt: „Verehrter Herr Voltaire! Bei uns hier gilt preußisches Recht, da darf man nur verkaufen, was man als rechtmäßigen Besitz nachweisen kann!"*

Voltaire musste sich geschlagen geben. Zu einer gewissen Ehrenrettung sei auch folgende Anekdote angefügt:

*Er begegnete einmal einem Priester, der das heilige Sakrament zu einem Sterbenden trug. Voltaire blieb stehen und zog den Hut. Ein Bekannter sprach ihn an: „Ich dachte, Sie glauben nicht an Gott!“ – Darauf Voltaire: „Weiß ich, ob ich Recht habe?“*

Die Frage an uns heute: Wie viele Deutsche glauben eigentlich an Gott und an ein Leben nach dem Tod? Sind es tatsächlich nur ungefähr die Hälfte der Deutschen? Eine Umfrage vom April 1999 erbrachte jedenfalls diese Zahlen: Bei den Katholiken glauben ans Jenseits über zwei Drittel; bei den Protestanten jeder Zweite. Beruhigend, dass die Zahl leicht steigend ist.
Ein wichtiger Gesichtspunkt zu den Umfragen: Stimmen die Ergebnisse von Umfragen mit dem tatsächlichen Glauben überein? Kann man eigentlich in einer Art Abstimmung darüber entscheiden, ob es Leben nach dem Tod, ewiges Leben, Himmel und Hölle gibt? Irgendwelche Prozentzahlen von zufällig befragten Zeitgenossen können doch wohl nichts über Gott bestimmen! Trotzdem stimmt bedenklich, dass es immer weniger gelingt, „den Menschen zentrale Inhalte des Christentums zu vermitteln und die Hoffnung auf ein ewiges Leben anziehend zu machen“.
Unsere Vorstellungen vom Jenseits und vom Himmel sind sicher anthropomorph, also ganz menschlich, und damit abhängig von unserem Denken und unseren Vorstellungen.

*Bei einer Predigt über den Propheten Jona und seine Missionspredigt in Ninive forderte ein übermütiger Zuhörer den Prediger spontan heraus und fragte: „Glauben Sie wirklich, dass ein Walfisch den Jona verschlungen hat?“*
*Der Prediger: „Wenn ich in den Himmel komme, werde ich Jona danach fragen.“*
*Der Spötter gab zurück: „Und wenn Jona nicht im Himmel sein sollte?“*
*Darauf der Prediger unter dem Beifall der Gemeinde: „Dann werden wohl Sie ihn fragen müssen!“*

## Das Argument der Wette

Weil die Vorstellung vom Jenseits und vom Himmel so menschlich gedacht wird, darf man auch nach Art der Menschen darüber sprechen und sogar argumentieren. Dies tat Blaise Pascal, ein Franzose, der als Mathematiker, Erfinder und Philosoph im 17. Jahrhundert lebte: Er war derjenige Junge, den ein Bischof fragte und aufforderte: „Wenn du mir sagen kannst, wo Gott wohnt, bekommst du eine Orange!“ Darauf der gewitzte Kleine: „Und wenn Sie mir sagen können, wo Gott nicht wohnt, gebe ich Ihnen den ganzen Korb mit Orangen!“ Blaise Pascal setzte sich in seinem Leben intensiv mit der Frage nach dem Tod und mit dem Leben nach dem Tod auseinander. In einer Gotteserfahrung (die er übrigens bis zum Schluss seines Lebens geheim gehalten hatte), kam er zum lebendigen Glauben an Jesus Christus. Und er suchte anderen Menschen davon etwas zu vermitteln. Im Rahmen der Wahrscheinlichkeitsrechnung ist von ihm eine Überlegung überliefert, die als „Wette des Pascal“ bezeichnet wird. Jeder vernünftig denkende Mensch, so meint er in dieser „Wette“, muss sich für Jesus Christus entscheiden, selbst wenn die Chancen für die Richtigkeit der christlichen Lehre nur 50 zu 50 stünden.

Pascal begründet diesen Gedanken so:
Im Leben muss jeder Mensch eine Wette eingehen. Bei jeder Wette geht es um einen Einsatz. Der Mensch muss sein Leben entweder darauf setzen, dass die christliche Lehre wahr ist, oder er muss darauf setzen, dass sie nicht wahr ist. Wenn der Mensch diese Wette nicht eingeht, setzt er automatisch auf die Möglichkeit, dass sie nicht wahr ist.
Nehmen wir an, ein Mensch entscheidet sich für den christlichen Glauben und dessen Wahrheit. Liegt der Mensch richtig mit seiner Annahme, hat er alles gewonnen und erreicht den Himmel; liegt er falsch mit seiner Annahme, hat er nichts verloren.
Nehmen wir weiter an, ein Mensch entscheidet sich gegen den christlichen Glauben. Liegt er mit dieser Annahme richtig, hat er nichts gewonnen; liegt er aber mit dieser Annahme falsch, hat er alles verloren und verbringt seine Ewigkeit in der Hölle.
Nach dem Grundsatz der Wahrscheinlichkeit sollte sich der Mensch die Mühe machen, nach der Wahrheit zu suchen. Denn wenn er stirbt, ohne den wahren Gott angebetet zu haben, ist er verloren. So weit der Mathematiker und Gottsucher Blaise Pascal.
Diese Geschichte mit dem „Argument der Wette" versteht sich natürlich nicht als lachhafte Geschichte, und trotzdem darf sie in einer Sammlung von mehr humorvollen Texten durchaus stehen. Über sie nachzudenken, erscheint jedenfalls besser, als das Ablassgeschäft des Ablasspredigers Tetzel: „Sobald das Gold im Kasten klingt, die Seele in den Himmel springt!"

## Himmel bedeutet für mich ...

Dem Himmel kann sich der Mensch mit seinem Denken nähern, wie es Blaise Pascal getan hat, oder auch

mit dem Herzen. Auch dies tat Blaise Pascal. „Das Herz hat seine Gründe, die der Verstand nicht kennt", schrieb er.
Der Sänger Bruce Low drückte es auf seine Weise so aus: „Ich war nie dort, doch sagt man mir, der Himmel hat 'ne goldne Tür."
Das Nachdenken und das Herzfühlen über den Himmel geht immer von der eigenen Lebenserfahrung aus, wie der Blick auf andere zeigt:

*Ein Bauernknecht früherer Zeiten seufzte, als er gefragt wurde, wie er sich den Himmel wohl vorstelle: „Ich bin hier ein Knecht auf dem Bauernhof und dort im Himmel werde ich wohl auch wieder derjenige sein, der himmlische knechtliche Arbeiten zu tun hat und allezeit fleißig arbeiten muss ..."*

Der englische Kardinal Basil Hume hatte neben seinen theologischen Erkenntnissen auch eine ganz englisch-irdische Vorstellung: *„Das Paradies und den Himmel stelle ich mir so vor, dass dort auf jeden Fall auch ein englischer Rasen sein muss ..."*
Und der intellektuelle Spötter über den Glauben meinte: *„Den Himmel würde ich vorziehen wegen des guten Klimas dort. Aber wahrscheinlich wähle ich die Hölle wegen der interessanten Gesellschaft, die ich dort antreffen werde ..."*

Ganz tief dachte bei einer „Feier der Lebenswende" ein Mädchen, das zu seinem Vater sagte: „Wenn ich überlege, ich werde geboren, ich lebe, ich sterbe. Das kann doch nicht alles gewesen sein!"

# Eine Runde Predigt-Witze

„Langweiligkeit ist der Tod der Predigt.“ Dies meint der anglikanische Primas und Erzbischof von Canterbury, George Carey. „Viele Prediger langweilen ihre Gemeinde, bevor sie überhaupt den Mund aufgemacht haben“, klagt er und fordert die Geistlichen in Großbritannien auf, mehr Zeit auf die Vorbereitung der Sonntagspredigt zu verwenden. Denn gerade in der heutigen Zeit muss die Kirche Wert auf eine ansprechende und wirksame Predigt legen.
Dass dieser Ratschlag nicht nur für Predigerinnen und Prediger gilt, sondern auch für die Redekultur unserer Demokratie und unserer Kultur überhaupt, verstehen alle, die öffentliche Reden hören. In Arabien charakterisiert man den guten Redner mit dem Satz: „Ein guter Redner ist jemand, der bewirkt, dass die Menschen mit den Ohren zu sehen vermögen.“
Im Gegensatz zu Dr. Martin Luther treten manche zwar feste auf und machen das Maul auf, hören aber leider lang nicht mehr auf ...

## Lange genug gepredigt!

In die Domkirche kommt während der Predigt ein Tourist und will die berühmten Prophetenfenster besichtigen. „Ist der schon lange da?“, fragt der Tourist den Dommessner und deutet auf den Prediger, den er nicht stören will. „Sie meinen unseren Domprediger? Schon seit vier Jahren ...“
„Dann bleibe ich da und warte; denn er muss ja bald fertig sein ...“

## Wissenschaft und Theologie

Der naturwissenschaftlich angehauchte, aber ansonsten unerleuchtete Pfarrer führt bei der Predigt ein Experiment vor. Er fängt eine Fliege, öffnet die Hand und sagt: „Flieg!“ – und die Fliege fliegt.
Er fängt eine zweite Fliege, öffnet erneut die Hand und befiehlt: „Flieg!“ – und die Fliege fliegt ebenfalls davon.
Er fängt eine dritte Fliege, reißt ihr die Flügel aus, öffnet die Hand und befiehlt: „Flieg!“ – und die Fliege fällt auf den Boden.
Er erklärt sein Experiment: „Seht Ihr, liebe Gemeinde, reißt man einer Fliege die Flügel aus, so nimmt ihr Gott das Gehör und straft sie mit Taubheit.“

### Roter Faden

*Frage*: Was hat der Prediger mit einer Spinne gemeinsam?
*Antwort*: Beide können anscheinend den Faden verlieren.
*Zusatz*: Leider findet er sich nicht im Fundbüro.

## Beerdigung

Der Pfarrer bekommt Besuch von einer Frau, die ihre tote Katze beerdigen lassen will. Er lehnt strikt ab: „Ich beerdige grundsätzlich keine Tiere!“
Sie ist ganz verzweifelt und meint: „Ich war auch schon beim evangelischen Pfarrer, aber der macht es auch nicht.

Wissen Sie was, Herr Pfarrer: Ich gebe ihnen auch 200 Euro für die Beerdigung und die Predigt!" Darauf der Pfarrer: „Warum haben Sie denn das nicht gleich gesagt, dass die Katze katholisch ist?"

**Längen- und Breitengrad der Predigt**

Wo es den Predigern an Tiefe fehlt,
da gehen sie in die Breite.

*Nach Charles Montesquieu*

**Durst ist schlimmer**

Predigt der Pfarrer mal wieder gegen den Alkohol.
Er stellt die rhetorische Frage: „Könnt Ihr mir ein schlimmeres Übel nennen als den Alkohol?"
Ruft einer von hinten: „Natürlich, Herr Pfarrer, den Durst!"

**Haariges Evangelium**

Liest der Pfarrer das Evangelium: „Und sogar die Haare auf eurem Kopf sind alle gezählt!"
Ein Mann ruft dazwischen: „Da hat der liebe Gott aber nicht viel zu tun. Ich habe nämlich ein Glatze!"
Darauf der Pfarrer: „Deswegen würde ich mir keine grauen Haare wachsen lassen!"

## Das letzte Wort

Die Vorsitzende vom Frauenbund kam ganz heiser von ihrem Urlaub in den Bergen zurück. „Haben Sie das Klima dort nicht vertragen?“, fragte mitleidig der geistliche Beirat des Vereins.
Ihre beste Freundin erklärte ungefragt: „Das schon. Aber sie redet halt gern und wollte wahrscheinlich wie immer auch beim Echo das letzte Wort haben!“

## Vaterunser als Redeübung

Im Wilden Westen kauft sich ein Wanderprediger ein Pferd, um bei den Indianern zu missionieren. Der Verkäufer empfiehlt ihm eines: „Da haben wir ein Pferd, ideal, wie für Prediger gemacht. Auf das Kommando „Gott sei Dank“ läuft es los, und beim Wort „Amen“ bleibt es wieder stehen.“
Der Prediger ist ganz begeistert und macht gleich einen Proberitt: „Gott sei Dank!“ Das Pferd läuft los. Aus der Stadt raus und über die Prärie geht alles gut, bis das Pferd genau auf eine Schlucht zugaloppiert. Der Prediger hat das Kommando zum Anhalten längst vergessen. Er zieht am Zügel, er schreit „hüh“ und „hott“ und „brrr“ und „halt“ – es hilft alles nichts. In seiner Verzweiflung fängt er an zu beten: „Vater unser im Himmel, geheiligt werde dein Name ...“ Er kommt zum „Amen“ – und das Pferd bleibt stehen, genau einen Meter vor der Schlucht.
Der Wanderprediger wischt sich den Schweiß von der Stirn und seufzt tief auf: „Gott sei Dank!“

## Nicht auf den Kopf gefallen

Auf dem Kirchplatz ist eine Frau bei Glatteis auf den verlängerten Rücken gefallen. Der Domprediger kommt zufällig vorbei, hilft der Ärmsten auf die Beine und scherzt: „Dafür müssen Sie aber demnächst meine Predigt loben."
„Herr Domprediger", meint die Frau, „ich bin zwar auf den Hintern, aber nicht auf den Kopf gefallen!"

## Aufstieg

Der Pfarrer predigte gern das einfache Leben. Vor allem empfahl er es seinen Schäflein in der Kirche. Wasser und Brot genügten ihm und er predigte: „Panis et aqua – vita beata!" (= Brot und Wasser – was für ein glückliches Leben!).
Da wurde er überraschend ins Domkapitel der Bischofsstadt berufen. Jetzt predigte er: „Aqua et panis – vita canis" (= Wasser und Brot – das ist ein Hunde–leben!).

## Der weiß alles

Eine Mutter wollte vom Dorfpfarrer wissen, ob es richtig ist, dass ihr Sohn jetzt auch noch den Doktor in Theologie macht, und ob ihm das etwas fürs Predigen nütze. Der Pfarrer hielt wohl nicht viel von den „G'studierten" und sagte ihr: „Das ist schon recht,

was Ihr Sohn studiert. Er gehört dann zu den Leuten, die alles wissen, aber sonst auch gar nichts!"

## Geheimnistuerei

Der wohlbeleibte Pfarrer machte aus seinem Gewicht immer ein großes Geheimnis. Da musste er ins Krankenhaus. Die Schwester am Empfang fragte ihn: „Was wiegen Sie?"
„Das geht Sie überhaupt nichts an!"
„Aber ich brauche Ihr Gewicht für die Unterlagen zur Behandlung!"
„Also dann multiplizieren Sie mal dreißig mit drei und ziehen vom Ergebnis wieder zwanzig ab. Haben Sie das?"
„Ja. Das macht siebzig."
„Jetzt mit drei multiplizieren!"
„Ja. Das macht zweihundertzehn."
„Wenn Sie jetzt davon zweimal 105 abziehen, wie viel haben Sie dann?"
„Null."
„Genau. Sie haben null Chancen, dass ich Ihnen mein Gewicht verrate!"

## Gemischtes

„Du hast mir doch gesagt, dass du Mitglied in einem gemischten Chor bist. Bei eurem Konzert habe ich aber letzte Woche nur Männer gesehen!"
„Das stimmt schon: Es sind nur Männer.
Aber die einen können singen und die anderen nicht!"

## Platzwechsel

Ein Redner ergreift das Wort und spricht ziemlich leise. Ein Mann, der ganz hinten sitzt, brüllt: „Ich verstehe kein einziges Wort!“ Da erhebt sich einer, der in der ersten Reihe sitzt, und ruft zurück: „Ich versteh jedes Wort, bin aber sofort bereit mit Ihnen den Platz zu tauschen.“

# Das Lachen zu Ostern

Das herzhafte Lachen hat in der Barockzeit sogar in die Predigt Eingang gefunden. Zumindest an Ostern musste also der Prediger in seiner Predigt einen kräftigen Osterwitz loslassen. Es ist heute nicht einfach, den mittelalterlichen Brauch des „Osterlachens" (lateinisch: „risus paschalis") und Osterwitzes wieder aufleben zu lassen. Hatten doch schon die Pfarrer vor ein paar hundert Jahren ihre Schwierigkeiten damit. Sie „mussten" einfach einen guten Osterwitz bringen! Und wehe, er gelang ihnen nicht! Das konnte geradezu einen Aufstand im Dorf geben. An manchen Orten nahm das darauf folgende Osterlachen über einen guten Witz – oder war es vielleicht das Murren der Gemeinde über einen faden Witz – solche Formen an, dass es die Obrigkeit verbieten musste, in der Predigt Witze zu reißen. Dabei waren manche der Witze damals durchaus so, dass man sie heute kaum öffentlich nacherzählen könnte.
Auf Kommando kann man schon einen Witz erzählen. Ob die Zuhörenden dafür aufgeschlossen sind, ist eine andere Frage. Und ob der Erzähler des Osterwitzes fit dafür ist, steht nochmals auf einem anderen Blatt.
Ursprünglich sollte der Osterwitz die Überlegenheit des auferstandenen Christus über den Teufel und die Mächte der Hölle deutlich machen: Christus ist auferstanden, er hat Tod und Hölle besiegt, die Christen freuen sich – das war die Reihenfolge. Deshalb ein Osterwitz. Und deshalb tanzte in der Kathedrale von Chartres der Bischof mit seinem Domkapitel durch das Labyrinth im Boden der Kathedrale, um ebenfalls zu zeigen, dass der Teufel und seine Bemühungen um Verwirrung keinen Erfolg hatten. Christus war nun einmal der Stärkere über alle Mächte der Finsternis.

Es kann deshalb hier eine Frage an Radio Eriwan zitiert und auf die Kirche angewandt werden: „Gibt es bei uns mehr Humor als anderswo?“ Antwort: „Im Prinzip ja. Aber wir haben ihn auch nötig.“

## Freude und Ostern

Freude ist das Grundwasser für gelingendes und gelassenes Leben: Wo man bohrt, kann man darauf stoßen. Es gehört zum Wesen der Freude, dass sie alles einbezieht. Man kann sich über jede Kleinigkeit („über jeden Dreck“) freuen: über die Dinge, die Menschen, Kirche und auch über Himmlisches. Das „ha-ha-ha“ ist in der Kirche musikalisch durchaus heimisch. Man denke nur an den Refrain des Liedes Nr. 218 im Gotteslob: „Halleluja-ha-ha, halleluja-ha-ha ...“

Die Deutschen haben die Freude ja besonders nötig. Nach einer Studie sind sie Spitzenreiter in Sachen Pessimismus. 15 Staaten wurden vom Gallup-Institut für die Zeitung „Die Welt“ befragt. Immerhin 13 Prozent der befragen Deutschen meinten, die Welt entwickle sich in eine positive Richtung. (In China sahen bei dieser Umfrage 90 Prozent eine positive Entwicklung der Welt, in Indien 50 Prozent, in Mexiko 40 Prozent. Die USA und Russland liegen mit 37 Prozent gleichauf.) Die Kinder fangen mit dieser Richtung an, denn Kinder lachen bis zu 400-mal täglich. Erwachsene nur noch 15-mal! Dabei reichen zwei bis vier Muskeln für ein erfreutes Gesicht.

## Training der Freude und des Lachens

Freude lässt sich üben. Es gibt sogar Trainer und Trainerinnen, die dafür Kurse anbieten: „Lachseminare" und „Humorseminare". Wenn sie freilich im Fernsehen gezeigt werden, wirken sie freilich nur komisch! Das war schon bei Theo Lingen so. Der Humortrainer Thomas Holtbernd (43) bringt den Teilnehmern keine Witze bei, sondern hilft, den eigenen Humor zu entdecken. Zu oft wurde ja das Lachen unterdrückt. „In der Schule etwa wird man vor die Tür gesetzt, wenn man ständig kichert." Holtbernd empfiehlt: „Lächeln Sie! Und lachen Sie mit, auch wenn Sie einen Witz nicht verstehen. Dann bleibt man nicht lange ein Außenseiter." Zuvor macht er mit den Teilnehmenden eine Übung. Dabei nehmen alle einen Bleistift quer in den Mund, so dass die Mundwinkel hochgezogen werden. Wenn sie den Bleistift später wieder herausnehmen, bleiben die Mundwinkel erst einmal oben. Und die fröhliche Mimik wirkt sich auf die Stimmung aus.

Gott sei Dank hat auch wieder einmal ein Künstler, der Österreicher Herbert Boeckl, einen lachenden Christus dargestellt. Warum er das so gemacht hat? Seine dialektgefärbte Antwort: „Weil er g'wonnen hat!" Das ist beste Laientheologie zum Osterfest und zum Osterlachen.

## Achtsamkeit auf das Lachen

Achtsamkeit auf die kleinen froh machenden Dinge kann man trainieren. Jede und jeder hat irgendwelche lustigen Geschichten in seinem Leben. Dann werden daraus Geschichten in der Rubrik „Menschen wie du und ich" in der Zeitschrift „Das Beste aus Readers Digest". Dazu verhilft auch, das Staunen des Kindes neu zu erlernen. Denn für ein Kind ist nichts zu klein

zum Staunen. Ist das nicht ein Stück Himmel auf Erden?
Das Lachen gerade am Ostersonntag und in der Kirche hat – wie gesagt – eine alte Tradition. Die Christen lachten in der Kirche darüber, dass der Teufel und der Tod von Christus besiegt waren. Das Lachen gehörte sozusagen zur Liturgie, weil das Leben den Tod besiegt hat. Deshalb das Lied und der Ruf: „Jesus lebt! Mit ihm auch ich! Tod, wo sind nun deine Schrecken?" Das Osterlachen ist die Verspottung des besiegten Todes.

## Osterfreude und Osterwitz

Osterfreude: Es darf wieder Halleluja gesungen werden, das in der Fastenzeit grundsätzlich nicht gesungen wird. Die Osterkerze steht wieder im Kirchenraum.
Der Pfarrer raucht wieder (wenn er in der Fastenzeit darauf verzichtet hat). Die Kirche hat wieder Blumenschmuck und die Altarbilder werden wieder gezeigt. (Denn mancherorts sind sie verhängt und es hängt dort ein „Hungertuch".) Die Orgel spielt wieder kräftig, die in der Fastenzeit nur dezent spielen sollte. Man schaut alles viel freudiger an und singt viel freudiger, wenn man darauf in der Fastenzeit über 40 Tage wirklich verzichtet hat. Der „Umschwung" sollte in der Kirche wirklich sichtbar sein!
Osterlachen und Osterwitz: Zumindest zum Schmunzeln sollte der Pfarrer an Ostern die Gemeinde schon bringen, wenn schon nicht zum Lachen aus vollem Hals und tiefster Seele. Manchmal gelingt es unbewusst: „Ich wünsche Ihnen allen ein schönes Weihnachtsfest!", sagte ein würdiger Dekan ganz ernsthaft an Ostern – und wunderte sich, dass die Leute alle grinsten.

*Da kommt der kleine Max vom Kindergottesdienst nach Hause. Die Eltern fragen ihn: „Na, was hat denn der Pfarrer heute gepredigt?" – Darauf der Kleine: „Der Herr Pfarrer hat gesagt, die Eltern sollen nicht so viel fragen, sondern selber zum Gottesdienst kommen!"*

Das kleine Beispiel zeigt, dass mit dem Osterwitz meist auch eine kleine Stichelei verbunden ist. Natürlich kenne ich Osterwitze, die den Prediger selber und seine Predigt zum Ziel haben und sie auf die Schippe nehmen.
Doch dem hat jener Pfarrer vorgegriffen, der am Sonntag so anfing: „Liebe Gemeinde, heute fällt die Predigt aus, denn ich habe euch etwas zu sagen!"
Ihr Fett bekamen dann die Prediger einmal von dem englischen Schauspieler Quinn ab. Der wurde von einem Bischof gefragt: „Wie macht ihr es nur, dass euch die Leute so aufmerksam zuhören?" – Darauf der Schauspieler: „Weil wir, Herr Bischof, von erdichteten Sachen wie von wahren reden. Und ihr von wahren wie von erdichteten."
Doch ich lasse jetzt mal die Sticheleien auf die eigene Zunft der Predigerinnen und Prediger. Denn ich weiß nur zu gut, dass die Predigtwitze mehr als nur ein Körnchen Wahrheit über die Prediger enthalten.

## Damit der Osterwitz gelingt ...

Es braucht einige Vorbedingungen und viel Fingerspitzengefühl, damit der Osterwitz am Ostersonntag ein Osterlachen hervorruft.

1. Ich muss wissen, ob ich Witze erzählen kann oder nicht. Bin ich nämlich auch im Alltag ein relativ humorloser Mensch, dann gelingt mir der Osterwitz kaum.

2. Ich muss den Witz wirklich intus haben und erzählen. Ich darf ihn nicht vorlesen.
3. Der Witz muss in die Situation passen. Nicht jeder Witz eignet sich für die Kirche, etwa nach einem großen Festgottesdienst. Sonst kann er wirken wie die berühmte Faust aufs Auge. Er passt dann zwar in eine fröhliche, weinselige Runde, aber nicht zum gottesdienstlichen Rahmen.
4. Ich weiß: Mit dem von mir ausgewählten Witz kann ich es nicht allen Recht machen, die in der Kirche sind.
5. Ich muss und kann schließlich auch während des Jahres humorvoll Dinge zur Sprache bringen: Anekdoten, treffende Zitate, Bonmots, Frohmachendes und Aufheiterndes, eine fröhliche Geschichte ... Dann weiß ich, ob die Gemeinde für solche Sachen aufgeschlossen ist. Fröhlichkeit kann man schließlich nicht erst am Ostersonntag machen und sie auch nicht befehlen. Schnell wird sonst das geplante Lachen zur Lächerlichkeit, „weil der Teufel schließlich im Detail steckt" und sich über den unbeholfenen Witz eins kichert. Die Gemeinde muss innerlich mitgehen.

## Eignungstest

Der Chef der Firma kommt niedergeschlagen nach Hause. „Was war denn los?", will seine Frau wissen.
„Ach, Liebling, ich habe heute nur mal aus Spaß den Eignungstest für unsere Lehrlinge mitgemacht."
„Und?"
„Ich muss sagen, ich bin sehr froh, dass ich schon Direktor bin!"

## Das ist ein Kunststück

Der kleine Fritz begrüßt die Oma an der Haustür, umarmt sie und ruft: „Ich freu mich so, dass du uns besuchst, Oma! Denn jetzt wird Papa den Trick vorführen, den er uns gestern versprochen hat!"
Die Oma fragt neugierig: „Was für einen Trick denn, mein Junge?"
Der Kleine: „Ich hab gehört, wie der Papa zur Mama gesagt hat, er würde die Wände hochgehen, wenn du morgen kommst ..."

## Frau oder Geliebte?

Da diskutieren ein Manager, ein Beamter und ein Mathematiker: „Was ist besser, Ehefrau oder Geliebte?"
Der Manager: „Ich brauche Abenteuer, Nervenkitzel, also eine Geliebte!"
Der Beamte: „Nein, nein, das ist nichts für mich, zu viel Stress! Ich brauche eine Ehefrau."
Der Mathematiker: „Ich brauche beides!"
Da fragen die anderen: „Warum denn das?"
Der Mathematiker: „Doch, ich brauche beides. Die Geliebte denkt, ich bin bei meiner Frau. Die Frau denkt, ich bin bei meiner Geliebten. Und ich kann in Ruhe im Büro sitzen und mich mit Mathematik beschäftigen!"

## Der sprechende Frosch

Der Pfarrer geht spazieren und steht plötzlich vor einem Frosch, der ihn anspricht: „Heute ist dein Glückstag! Ich bin ein sprechender Frosch, und ich habe hier eigens auf dich gewartet. Sobald du willst, verwandle ich mich in ein wunderschönes Mädchen und tue, was du möchtest!"

Der Pfarrer hebt den Frosch auf, steckt ihn in die Tasche und geht weiter. Nach einer Weile quakt der Frosch wieder: „He, du! Ich bin ein sprechender Frosch. Hast du nicht gehört, was ich dir angeboten habe?“
Der Pfarrer sagt: „Ich hab dich schon gehört. Aber wir haben den Zölibat, und außerdem möchte ich in meinem Alter statt eines schönen anspruchsvollen Mädchens doch lieber einen sprechenden Frosch. Das ist echt cool!“

## Hausbesuch

Der Pfarrer macht Hausbesuch bei den Neuzugezogenen in seiner Gemeinde.
Er klingelt. Aus der Sprechanlage fragt eine charmante Männerstimme: „Bist du es, mein Engel?“
Der Pfarrer antwortet schlagfertig: „Nein. Aber ich komme von der gleichen Firma!“

## Alles wegen einer einzigen Kuh

Es ist saukalt und schneit. Es ist Gottesdienst in der abgelegenen Bergkirche. Der Pfarrer ist gekommen und mit ihn nur ein einziger Bergbauer.
Der Pfarrer fragt ihn: „Mein Freund, wenn Sie mit einem Wagen voll Heu auf die Weide fahren, um Ihr Vieh zu füttern, und Sie finden nur eine einzige Kuh – werden Sie die Kuh trotzdem füttern?“
„Na klar“, antwortet der Bauer.
„Dann wollen wir es auch so machen“, meint der Pfarrer.

Und er hält den Gottesdienst, ausführlich mit allen Gebeten und mit einer langen Predigt dazu. Nichts lässt er aus.
Bei der Verabschiedung fragt er den Bauern: „Nun, habe ich es recht gemacht?"
Der Bauer: „Das schon. Aber ich würde sagen: Wenn nur eine einzige Kuh zum Fressen kommt, dann würde ich ihr nie das Futter vom ganzen Wagen zum Fressen vorlegen!"

## Der Schwabe in der Waschanlage

Ein Schwabe fährt zum ersten Mal mit seinem Auto in eine Waschanlage. Er ist ein bisschen nervös. Aber der Tankwart erklärt ihm genau, was er zu machen hat: „Sie folgen einfach den Anweisungen auf dem Schild, dann wird schon alles recht!"
Der Schwabe fährt in die Waschanlage. Nach einer Weile kommt er patschnass heraus.
„Ja, was ist denn Ihnen passiert?", fragt der Tankwart entsetzt.
„Ich habe alles genau so gemacht, wie Sie mir gesagt haben. Es kam ein Schild mit ‚Gang raus', und da bin ich rausgegangen!"

## Rheuma

Zwei Rheumakranke treffen sich beim Masseur. Im Wartezimmer sagt der eine: „Mensch, wenn diese halbe Stunde nur schon vorbei wäre! Dieser Schmerz, wenn mein krankes Bein massiert wird – ich könnte glatt die Wand hochgehen!"

Der andere lächelt: „Bei mir ist das gar nicht schlimm. Ich habe den Trick raus, damit es nicht wehtut. Ich halte ihm immer das gesunde Bein hin ..."

## Zeit zum Aufstehen

Ein Ehepaar hat sich gestritten. Ein Wort gibt das andere. Schließlich der Abschluss: „Mit dir rede ich nichts mehr!"
Schweigend gehen sie zu Bett. Bevor der Mann das Licht ausmacht, legt er seiner Frau einen Zettel auf den Nachttisch: „Bitte morgen um 6 Uhr wecken!"
Als der Mann am nächsten Morgen aufwacht, scheint schon längst die Sonne. Es ist kurz nach acht. Das Bett seiner Frau ist leer. Doch auf seinem Nachttisch liegt ein Zettel: „Bitte aufstehen, es ist 6 Uhr!"

## Gib ihnen die ewige Ruhe

Der Text der Fürbitten beim Wortgottesdienst brachte die Vorbeterin ein wenig durcheinander, zumal Wahlen vor der Tür standen.
Es hätte heißen sollen: „O Herr, gib den Abgeschiedenen die ewige Ruhe."
Sie sagte aber ganz im Ton des Vorbetens: „O Herr, gib den Abgeordneten die ewige Ruhe!"

Und das Kirchenvolk war sich der Antwort ebenso sicher und antwortete: „Und das ewige Licht leuchte ihnen."

## Ich habe noch mehr Rippen

Gott erschuf aus der Rippe des Adam Eva, seine Gefährtin. So heißt es in dichterischer Sprache im Alten Testament, im 1. Buch Mose. Adam war mit Eva einverstanden. Sie gefiel ihm.
Aber dann strich er mit der Hand über seinen Brustkorb, zählte bedächtig, schaute den lieben Gott an und sagte: „Lieber Gott, ich habe durchaus noch mindestens zehn Rippen. Mach mir bitte daraus noch lauter so süße Mädchen!"

### Esel können doch reden

Beim Pfarrfest kam ein Schlitzohr neben dem Pfarrer zu sitzen. Er spöttelte über die Frommen, die noch an die Wunder glaubten, die in der Bibel geschildert werden.
„Gerade in diesem Moment, wo Sie mir das erzählen", sagte der Pfarrer, „bestätigt sich mir die wunderbare Wahrheit der Behauptung in der Bibel (4. Buch Mose 22, 28), dass ein Esel seinen Mund auftun und reden kann."

## Passendes Bibelwort

Im Dorf riss sich ein Ochse los, rannte geradewegs auf das Rathaus zu und auch gleich durch die ebenerdige

Tür ins Innere. Der Bürgermeister trieb den Ochsen wieder hinaus in Richtung Stall.
Da kam der Pfarrer vorbei und staunte über die sonderbare Arbeit des Bürgermeisters. Der erzählte ihm das Vorkommnis und meinte: „Aber dazu wissen Sie bestimmt keinen Bibelvers, der passt?"
Darauf der Pfarrer: „Natürlich weiß ich einen passenden Vers: Er kam zu den Seinen, aber die Seinigen nahmen ihn nicht auf!"

## Ruhe sanft

Zwei Pfarrer unterhalten sich, wie man den Kirchenbesuch wieder beleben und gar steigern könne.
„Wir haben jetzt gepolsterte Sitze, die Kniebänke sind abgeschafft, jede Woche findet ein Vortrag über aktuelle und kontroverse Themen statt und zweimal im Monat spielt eine Musikgruppe schmissige neue Lieder. Aber die Kirche wird und wird nicht voll. Können Sie mir wohl sagen, was wir noch versuchen sollen?"
„Lieber Mitbruder, haben Sie es schon einmal mit Religion versucht?"

## Äpfel aus dem Paradies

Ein Pastor besaß einen Apfelbaum. Aber die Äpfel daran wurden immer auf unerklärliche Weise weniger, und eines Tages, gerade als er sie pflücken wollte, waren sie in der Nacht zuvor alle gestohlen worden. Nein, zwischen den Ästen hing noch ein einziger Apfel, den der Dieb offenbar übersehen hatte.

Daraufhin beschloss der Bestohlene, den Täter während des Gottesdienstes herauszufinden. Er nahm den einen Apfel mit in die Kirche, schilderte in seiner Predigt, wie alle Äpfel von seinem Baum gestohlen wurden, und rief schließlich: „Den letzten Apfel will ich dem Dieb an den Kopf werfen!“ – Er holt aus, da rief eine Frau erregt: „Georg, duck dich!“ Und der Mann neben ihr verschwand unter der Bank. Der Pastor aber lachte befriedigt in sich hinein: „Nun weiß ich, wer mir die Äpfel gestohlen hat!“

### Immer die Vorgänger!

Der Pfarrer geht in Pension. Ein Pfarrgemeinderat: „Was werden wir bloß ohne Sie machen?“
„Na, das ist doch nicht so schlimm“, versucht der Pfarrer zu trösten. „Es kommt bald ein neuer Pfarrer, der ist bestimmt besser als ich!“
Der Vorsitzende schaut ihn treuherzig und ganz traurig an: „Ja, das hat Ihr Vorgänger auch schon gesagt.“

## Pfarrer auf Jagd

Der Pfarrer, im Schlag von Don Camillo, ging auf Entenjagd. Er versprach dem heiligen Hubertus, dass er die Hälfte der erlegten Enten für sich nehmen und die andere dem Heiligen stiften würde, wenn die Jagd erfolgreich wäre. Als ein Schwarm Enten in die Schusslinie kam, legte der Pfarrer an und schoss. Er traf. Einige Enten blieben liegen, die anderen flatterten davon: „Pack zu, heiliger Hubertus", rief er, „lass sie nicht wegfliegen, sie gehören doch dir!"

## Zusammenhalt

Der berühmte Evangelist Billy Graham predigt bei einer Evangelisationstournee in Boston. Am Abend geht Billy Graham noch ein wenig Luft schnappen. Die Gemeindeglieder raten ihm davon ab, es wäre in diesem Viertel zu gefährlich. „Ich fürchte mich nicht", sagt Graham, „Gott ist mit mir!"
Als er so durch die dunklen Straßen schlendert, kommen ihm fünf Jugendliche entgegen.
„Hey, Alter, gib uns deine Brieftasche", machen sie ihn an. Billy Graham greift in seine Brusttasche und gibt ihnen sofort die Geldbörse.
Einer der Jugendlichen entdeckt seinen Personalausweis und sagt. „Du bist Billy Graham? DER berühmte Prediger Billy Graham?"
„Ja, ich bin's, der Evangelist Billy Graham."
Darauf sagt der Jugendliche: „O.k. Jungs, gebt ihm die Brieftasche wieder, wir Evangelikalen müssen zusammenhalten!"

### Zu wenig Evangelisten!

Der Religionslehrer zum Pfarrer: „Heute haben die Kinder wenig gelernt. Stellen Sie sich vor, ich habe gefragt, wer die vier Evangelisten sind. Und ein Junge hat geantwortet: „Petrus und Paulus!" – Darauf der Pfarrer: „Seien Sie doch froh, dass er wenigstens zwei gewusst hat!"

## Pils und Korn

Im Religionsunterricht fragt die Lehrerin die Schüler, wie der Papst hieß, der das Zweite Vatikanische Konzil einberufen hat.
Ein Mädchen meldet sich schüchtern: „Johannes?"
„Das ist richtig, aber da kommt noch was dahinter", forscht die Lehrerin weiter.
„Zwei Kreuzchen und drei Striche."
„Richtig! Was hat das zu bedeuten?"
Der Sohn eines Gastwirts meldet sich: „Das heißt: Zwei Korn und drei Pils."

## Wie Ehe gelingt

„Einige Leute fragen nach dem Geheimnis unserer langen und guten Ehe.
Ganz einfach: Wir nehmen uns zweimal pro Woche Zeit, ins Restaurant zu gehen. Ein kleines Abendessen mit Kerzenlicht, leiser Musik und Tanz. Meine Frau geht immer dienstags und ich freitags."

## Der Vorrang des Nichts

Im Kindergarten stellt die vierjährige Anna fest, dass ein Knopf am Bettlaken fehlt: „Frau Müller, hier fehlt ein Knopf am Laken, das Knopfloch ist aber noch da."

## Frische Luft tut gut!

Der Kaplan kommt zu Besuch und unterhält sich mit den Eltern über die Kindererziehung. „Wir streiten uns nie vor den Kindern, sondern schicken sie immer zum Spielen hinaus“, erklärt stolz der Ehemann.
Darauf meint der Kaplan: „Ach, darum haben Ihre Kinder so eine gesunde Farbe!“

# Gemischte Witzeleien

Witze wirken grenzüberschreitend. Ohne Pass und ohne Genehmigung. Mit leichten Abwandlungen passen deshalb die Kirchenwitze für die Politik. Und Politiker kommen umgekehrt so in Kontakt mit der Kirche. Man könnte auch sagen: Trockene Rede trifft trockene Predigt.
Dabei gilt doch: „Trockener Humor kann nie überflüssig sein ..." Höchstens manche Rede und Predigt sind höchst überflüssig. Aber das merken die Redenden selber meistens nicht.

*„Worüber spricht denn der Wirtschaftsminister gerade in seiner wichtigen Rede?" – „Das hat er leider noch nicht gesagt!"*

Darüber kann man nur lachen. Und schon darin unterscheiden sich (nach dem Rhetoriktrainer Bernd Hansen) die Menschen. Die einen lachen herzhaft auf „ha-ha-ha" und freuen sich wirklich. Das „he-he-he" klingt eher spöttisch und ein kicherndes „hi-hi-hi" kann Schadenfreude ausdrücken. Ein Lachen auf „ho-ho-ho" erweist sich eher als höhnisches Lachen und das „hu-hu-hu" passt am besten in einen Gruselfilm zur Geisterstunde. Jetzt sind die Vokale vollständig – zumindest was die deutsche Sprache angeht. Ob alle Völker dies so sehen und empfinden?
Zu welchem Lachtyp gehören Sie? Müssen Sie vielleicht zum Lachen in den Keller gehen? Vielleicht finden Sie dort einen Wein. Und bei einem guten Wein aus dem Keller verklärt sich wohl alles. Dann bleibt das völkerverbindende Lächeln, das alle Menschen verstehen.

## Komischer Kelch

Hat ein ostfriesischer Pfarrer (oder schwäbischer, Berliner, österreichischer, ...) einen Kelch geschenkt bekommen. Ganz glücklich sagt er zu seinem Messner: „Schauen Sie mal, unser neuer Kelch für die Kirche!"
Der Messner nimmt den Kelch in die Hand, schaut ihn genau an (hält ihn dabei umgekehrt) und meint dazu: „Na, da haben Sie sich aber einen schönen Mist andrehen lassen: Der hat ja oben gar keine Öffnung!"
Darauf nimmt ihn der Pfarrer in die Hand und dreht dabei den Kelch um: „Tatsächlich! Und sieh mal hier, der Boden fehlt auch völlig!"

## Lalalala-la-laa

Beim Pfarrfest treten ein Österreicher, ein Schweizer und ein Preuße gegeneinander an.
Fragt der Moderator: „Wie viele ‚L' enthält das bekannte Lied ‚Happy birthday to you'?"
Der Österreicher antwortet: „Keines!"
Der Schweizer: „Keines!"
Der Preuße: „54."
Darauf der Moderator: „Wie kommen Sie denn auf diese Zahl?"
„Ganz einfach", grinst der Preuße überlegen, „lalalala-la-laa ..."

### Begierlich nach Wissen

Die Qi-Gong-Schülerin bittet ihren Meister, ihr etwas über das Geheimnis Gottes zu sagen.

„Das geht nicht", lehnt der Meister ab.
„Warum denn nicht?", will die Schülerin wissen.
Der Meister: „Weil es dann kein Geheimnis mehr wäre!"

## Christkinds Sprache

Der kleine Sohn benutzt jenes berühmte Wort, das mit SCH ... beginnt. Der Vater ist entsetzt: „Wer hat dir denn das beigebracht?"
„Das habe ich vom Christkind", bekennt der Junge.
„Ja, wie ist denn das möglich?"
„Also bestimmt habe ich es vom Christkind. Es hat mir am Heiligen Abend meine Geschenke ins Zimmer gelegt. Und da hat es sich im Dunkeln an den Stühlen und am Tisch gestoßen. Und da hat es dieses Wort SCH ... gesagt, und sogar mehrmals, das habe ich ganz genau gehört, Papa."

## Weinsorten

Sitzt der Pfarrer mit seinem evangelischen Kollegen bei einem Glas Wein und beide denken so vor sich hin.
„Merkwürdig, wenn die Leute einen guten Wein trinken, dann sagen sie: Teufel, ist der gut!"
„Stimmt. Wenn der Wein aber sauer ist, dann stöhnen sie: Herrgott, ist der sauer!"

## Osterbotschaft

Nur in der Barockzeit konnte sich ein Pfarrer in der Osterpredigt diesen Osterwitz erlauben.
„Wisst Ihr auch, liebe Gemeinde, warum unser Herr Jesus nach der Auferstehung zuerst den Frauen erschienen ist?"
Und er antwortete auf seine rhetorische Frage: „Ja, das liegt einfach daran: Er wollte, dass die Neuigkeit möglichst schnell unter die Leute kommt!"

## Speisekarte spezial

Führt der Pfarrer seinem Kollegen den neuen Hund vor.
Meint der: „So, ein neuer Hund. Wie schön. Und wie bereitet man den zu, gekocht oder gebraten?"
„Also hör mal, weder gekocht noch gebraten."
„Aber dieses Vieh kann man doch nicht roh essen ..."

## Passende Kleidung

Typberatung im Kaufhaus mit einer Modeschöpferin ist angeboten. Kommt auch eine Nonne: „Ich möchte einen Rock, der zu meinem Typ passt!"
Die Modeschöpferin schaut sie prüfend an und sagt: „Da passt am besten ein Faltenrock!"

## Theologie und mehr

Goethes „Faust" wird mal wieder aufgeführt. Der Pfarrer mit seiner ganzen Pfarrleitung gönnt sich dieses klassische Stück.
„Habe nun, ach, Philosophie, Juristerei und leider auch Theologie durchaus studiert ...", deklamiert der „Faust"-Darsteller.
Beugt sich der Kirchenpfleger zum Pfarrer und fragt: „Wissen Sie, was ‚Ach' für eine Wissenschaft ist?"

## Tipps zur Grippezeit

Ein homöopathisch gebildeter Pfarrer hat allen geraten, die nicht von der Grippewelle erfasst werden wollen, drei Dinge zu beachten:
1. Vermeiden Sie, anderen Menschen die Hand zu schütteln!
2. Keine Küsschen austeilen oder entgegennehmen!
3. Meiden Sie Menschenansammlungen!
Darauf ergänzte ein Pfarrgemeinderat: „Dann kann ich ja ohne Gefahr der Ansteckung am Sonntag in die Kirche gehen:
1. Dort begrüßt mich sowieso niemand.
2. Keiner gibt mir ein Küsschen.
3. Und außerdem sitze ich in meiner Bank alleine, so wenige Leute sind da."

## Heuchelei

„Was ist denn Heuchelei, Herr Pfarrer?", fragt der Arzt am Stammtisch.
Darauf der Pfarrer: „Heuchelei ist, wenn Sie zum Beispiel einem reichen Privatpatienten eine schnelle Genesung wünschen."
Kontert der Arzt: „Und bei Ihnen ist es Heuchelei, wenn sie über Kopfweh klagen und meinen, dass es wahrscheinlich der Heiligenschein ist, der Sie drückt."

## Geschwisterkunde

Beim Pfarrfest geht der Pfarrer von Tisch zu Tisch, um seine Gemeinde kennen zu lernen. Er kommt ins Gespräch.
„Haben Sie Geschwister, Herr Huberti?"
„Ja, drei Brüder", nickt der, „zwei leben und der Dritte ist verheiratet."

## Autohilfe

Frau Pfarrerin Schaupp-Pohlmann ruft in der Autowerkstatt an: „Schicken Sie mir bitte jemanden! Mein Wagen will nicht mehr so recht!"
„Was fehlt denn?"
„Vermutlich ist Wasser im Vergaser!"
„Und wo ist das Auto?"
„Ungefähr zehn Meter vom Ufer entfernt!"

## Kirchentresor

Sagt die Reinmachefrau zum Pfarrer: „Für den Tresor in der Sakristei hätte ich auch gern einen Schlüssel!"
„Warum denn das?"
„Ach, wissen Sie, den muss ich ja auch sauber machen. Und da ist es immer so mühsam, das Schloss mit der Haarnadel zu öffnen!"

## Papageien

Einladung bei Pfarrers. Eine kleine Unterhaltung kommt in Gang.
„Mögen Sie Papageien?" –
„Wieso nicht? Ich esse alles, was auf den Tisch kommt."

## Arbeiterpriester

In seinem Urlaub möchte der Betriebsseelsorger mal wirklich vier Wochen arbeiten und nicht nur über die Arbeit reden. Er bewirbt sich auf dem Bau.
„Was hast du bisher getan?", will der Polier wissen.
„Ich bin Arbeiterseelsorger."
„Was verstehst du denn vom Bau?"
„Ich habe schon zweimal einen Grundstein gelegt!"

## Ochs und Esel

Wallfahrt. Heimreise mit dem Zug. Die Frauenbundgruppe ist noch ganz ergriffen von der schönen Wallfahrt und sinniert über ihre Erlebnisse. Steigen zwei junge Burschen zu und meinen, witzeln zu müssen:

„Ihr wart wohl auf Wallfahrt in Altötting? Da habt ihr vermutlich die ganze Heilige Familie gesehen? Waren auch Ochs und Esel dabei?"
Darauf die Vorsitzende: „Nein, die habe ich erst auf der Heimfahrt hier im Zug getroffen!"

# Wahrheit kann auch heiter sein

Als Christ stehe ich in der Pflicht, der Lüge Widerstand zu leisten und der Wahrheit zum Sieg zu verhelfen. Das ist eine sehr ernsthafte Sache. Aber sogar die Heiligkeit mancher Menschen bietet Anlass zum Schmunzeln. Sonst müsste man sagen: „Ein Heiliger, der traurig ist, ist ein trauriger Heiliger!"
Politikern unterstellt man ja am ehesten, dass sie nicht so heilig sind und es mit der Wahrheit nicht ganz genau nehmen:
So befragte ein neugieriger Journalist einst Bundeskanzler Konrad Adenauer, wie der es persönlich mit dem Lügen halte. Das Lügen sei ihm viel zu anstrengend, antwortete ihm darauf der Fuchs von Rhöndorf. „Denn dann müsste ich mir neben der Wahrheit auch noch die Lüge merken. Da bleibe ich lieber bei der Wahrheit, das ist einfacher."

## Wahrheit in der Politik

Freilich muss an den Lügen im politischen Bereich etwas dran sein. Denn der Volksmund weiß genau: „Es wird nie so viel gelogen wie vor einer Wahl und nach einer Jagd!" Schlimm wird es,

wenn man einen Politiker bei einer Lüge ertappt und sie ihm genau nachweisen kann. Ob dann der Erwischte den Mut aufbringt seinen Hut zu nehmen und abzudanken, wenn die Sache wirklich gewichtig ist? Andererseits lässt sich nicht immer der Vorwurf der Lüge beweisen oder widerlegen. So bleibt an der

sonst weißen Weste eines Politikers durchaus etwas hängen. Das hat der verehrte politische Gegner auch so beabsichtigt und er lacht sich ins Fäustchen.
Im Deutschen Bundestag wird übrigens der Zwischenruf „Sie Lügner!“ vom Vorsitzenden gerügt. Die Abgeordneten dürfen höchstens „Das ist eine Lüge!“ dazwischenrufen. Man unterscheidet also klugerweise zwischen einer persönlichen und einer sachbezogenen Aussage.

## Alle Kreter lügen

Zur Lüge gibt es seit dem griechischen Altertum eine Denksportaufgabe. „Der Kreter Epimenides sagt: Alle Kreter lügen!“ Die Frage ist: Stimmt dieser Satz oder stimmt er nicht? (Wissen Sie die Antwort?) Ist es eine Denksportaufgabe, ein paradoxes Rätsel oder so eine Art Witz? Lügt Epimenides, wenn er sagt, dass alle Kreter lügen? Ist er der Einzige, der nicht lügt? Stimmt das Gegenteil, dass alle Kreter die Wahrheit sagen? Es ist also gar nicht so leicht, Wahrheit und Lüge zu erkennen. Ob wir in unserer Welt tatsächlich ohne Lüge auskommen können?
Der Satz ist eigentlich kein Paradoxon. Wäre die Aussage des Epimenides wahr, so würden alle Kreter, folglich auch er selber, lügen, folglich wäre seine Aussage falsch, und nicht alle Kreter lügen. Ist der Satz des Epimenides aber falsch, so ergibt sich kein Widerspruch. Dieser Kreter lügt zwar, aber nicht alle.
Die klugen Moraltheologen machten schon sehr früh eine wichtige Unterscheidung. Sie sagten: Lügen darf man nicht; so steht es in den Zehn Geboten! Aber niemand ist verpflichtet, jedem x-beliebigen Menschen auf seine Fragen umfassend zu antworten. Nur das muss stimmen, was er ihm antwortet.

Von dieser Unterscheidung machte der heilige Athanasius, Bischof von Alexandrien, Gebrauch:

*Athanasius war unter Kaiser Julian dem Abtrünnigen der Verfolgung ausgesetzt und musste fliehen. Dabei ruderte er auf dem Nil stromabwärts, aber die Verfolger kamen ihm immer näher. Da bog er um eine Schilfinsel, stieg aus dem Boot und stieß es kräftig ab, sodass es wieder in die Strömung hinausschoss. Dann zog er sich die Kapuze ins Gesicht und ging am Land seinen Verfolgern entgegen. Die Soldaten riefen ihm zu: „He, Alter! Hast du ein Boot mit dem Bischof Athanasius gesehen?" Darauf Athanasius: „Euren Bischof kenne ich nicht. Aber ein Boot habe ich schon gesehen ..." Und damit zeigte er mit der Hand auf das immer kleiner werdende Boot im Nil und lachte in sich hinein, als die Verfolger eilends zu ihren Rudern griffen und hinter dem leeren Boot herruderten.*

Seine kluge Antwort half Athanasius freilich nur in dieser Situation. Weil er die wahre Gottheit Christi verteidigte, musste er 17 Jahre seines Lebens im Exil leben.

## So ganz ohne Lüge?

Ganz anders dachte der große Theologe Thomas von Aquin über die Lüge. Er hatte offensichtlich ein feines Gespür für Wahrheit und Unwahrheit.

*Da neckten den Thomas eines Tages seine jungen Mitbrüder und riefen ihm zu: „Thomas, schau mal aus dem Fenster! Da draußen fliegt eine Kuh vorbei!" Und sie amüsierten sich köstlich, als Thomas zum Fenster rannte, um dieses Schauspiel zu sehen. Er war auf ihren kindlichen Scherz hereinge-*

*fallen. Aber Thomas sagte nur: „Eher hätte ich geglaubt, dass eine Kuh fliegen kann, als dass meine Mitbrüder lügen!“*

Der englische Premierminister Winston Churchill liebte offensichtlich die Wahrheit, besonders in seinen Auseinandersetzungen mit Lady Astor:

*Einmal warfen sich die beiden öffentlich die Wahrheit an den Kopf. Lady Astor schrie: „Wenn Sie mein Mann wären, würde ich Ihnen Gift ins Essen geben!“ – Und Churchill gab ihr beherrscht zurück: „Und wenn Sie meine Frau wären, würde ich es nehmen!“*

## Kann Lüge gesteigert werden?

Unwahrhaftigkeit und Lüge zerstören das Vertrauensverhältnis unter den Menschen. Dabei gibt es durchaus eine Steigerung der Lüge. Konrad Adenauer zählte diese Reihenfolge auf: „Es gibt drei Arten von Lügen: die einfache Lüge, die verdammte Lüge und die Statistik.“

Das Gericht kennt andererseits die dreifache Bekräftigung der Wahrheit: „Die Wahrheit, die reine Wahrheit und nichts als die Wahrheit.“ Dass in bestimmten deutschen Landen neben der erhobenen rechten Schwurhand dann die linke Hand mit drei gestreckten Fingern zum Boden hin ausgestreckt wird, um den Meineid abzuleiten, ist wohl nur eine Erfindung eines Richters vom königlich-bayerischen Amtsgericht im Fernsehen.

## Die Wahrheit sagen

Jesus selber wehrte sich gegen unwahre Unterstellungen und Verdrehungen, als er vor Gericht stand. Er

hatte gerade bekräftigt, dass er wirklich ein König sei, da gab ihm einer der Diener eine Ohrfeige. Und Jesus wehrte sich: „Habe ich Unrecht geredet (also gelogen), so weise mir das Unrecht nach! Habe ich aber recht geredet (also die Wahrheit gesagt), warum schlägst du mich?“
Von Dichtung und Wahrheit, von Lüge und Unwahrheit ist niemand ausgenommen. Auch nicht die Dienstgrade in der Kirche:

*Da wird ein Pfarrer zum Bischof zitiert und der fragt ihn vorwurfsvoll: „Was muss ich da von Ihnen hören, Herr Pfarrer? Ihre Mitbrüder sagen mir, dass Sie ganz schlechte Witze über den Bischof erzählen!“ – Darauf der Pfarrer: „Herr Bischof, da sehen Sie, man darf den Mitbrüdern nicht alles glauben. Zu mir sagen sie nämlich: Die Witze über den Bischof sind sehr gut!“*

Lügen haben „kurze Beine“, weiß der Volksmund. Im Witz entblößen sie aber auch durchaus „schöne und humorvolle“ Beine. Nachdenklich macht der Schlagersänger Peter Maffay. Der wünscht sich in einem seiner Texte: „Einmal nicht zu lügen brauchen, nur für einen Tag!“ Es ein bisschen länger ohne Lüge auszuhalten, würde das wirklich jemandem schaden?

# Hat Jesus gelacht?

In unserm Nachdenken über den Humor hat auch diese Frage ihren Platz: „Hat Jesus gelacht?“ Witze sind von ihm jedenfalls nicht überliefert.
Für mich ist es ganz klar, dass Jesus gelacht und über all die Spielarten des Humors verfügt hat. Er hat ihn auch eingesetzt. Beweisen kann man das zwar nicht, da die Bibel tatsächlich kein Witzbuch ist. Aber hätte ein Jesus mit einer sauertöpfischen Miene tatsächlich auch nur einen einzigen Mitstreiter und Nachfolger gefunden? Und wenn der Apostel Paulus feststellt, dass Jesus in allem uns Menschen gleich ist – die Sünde ausgenommen –, dann war er uns auch darin gleich, dass er gelacht und Humor verstanden hat.
Welches Jesusbild uns die Künstler dann im Laufe der Jahrhunderte in ihren Bildern vermittelt haben, ist eine ganz andere Sache. Mir persönlich ist nur ein einziges Bild eines schallend lachenden Jesus bekannt – und das stammt von einem Künstler der Hippiegeneration.
Es lässt sich herausfinden: Eine ganze Reihe von Texten der vier Evangelien liefern einen Anlass, dass wir über Jesu Worte schmunzeln und lächeln und uns freuen.
Man stelle sich doch nur vor, wie da einer versucht, seinem lieben Mitmenschen einen Splitter aus dem Auge zu ziehen, und dabei gar nicht merkt, dass er selber einen ganzen Balken im Auge hat. Oder man stelle sich vor, wie einer der unangenehm dicken Reichen versucht, durch die enge Tür ins Himmelreich zu gelangen, wo ihm doch schon Jesus gesagt hat, dass es ja auch ein Kamel nicht schafft, durch ein Nadelöhr zu kommen. Oder wie war das mit dem klugen und studierten Gesetzeslehrer Nikodemus? Zu ihm hat Jesus

gesagt, er müsse wiedergeboren werden. Und der Ratsherr Nikodemus überlegt hin und her, wie das denn gehen soll, ob er dazu noch einmal in den Leib seiner Mutter zurück müsste. Bis er dann den neuen Sinn der Wiedergeburt endlich begriffen hatte.

Den Humor und die Grundstimmung der Freude braucht man für manche Gleichnisse Jesu ebenso wie für manche seiner Worte und Taten. Bei Jesus dürfen sich jedenfalls jene freuen, die sonst im Leben kaum etwas zu lachen haben oder wegen ihrer religiösen Grundhaltung verspottet werden. Diese Leute preist Jesus selig. Es sind die, die vor Gott arm sind, die Frieden stiften, die barmherzig sind, die ein reines Herz haben und dazu jene, die verfolgt werden ...

Dann muss es wohl köstlich gewesen sein, wie Jesus einige in jene Falle laufen lässt, die sie ihm gestellt haben. Es war die Frage: „Ist es erlaubt, dem Kaiser Steuern zu zahlen oder nicht?" Und Jesus fragt ganz einfach zurück: „Zeigt mir doch mal eine Steuermünze!" Die Fragesteller greifen in die Tasche und können sofort eine zeigen, denn sie haben sie dabei. Damit haben sie sich selbst entlarvt mit ihrer Frage. Denn sie zahlen ganz offensichtlich Steuern und erweisen sich als Mitläufer der römischen Besatzungsmacht. Die Fragesteller haben sich mit ihrer Frage selbst hereingelegt und mussten nun den Spott und das Gelächter der Zuschauer ertragen, die den Reinfall der oberschlauen Schriftgelehrten wohl von Herzen genossen haben.

Ein Minimalist in Sachen Jesus-Humor wird dagegen höchstens zugeben, dass Jesus auch ein wenig gelächelt oder geschmunzelt hat. Ich meinerseits billige Jesus ein kräftiges, ein befreites und befreiendes Lachen zu.

# Die Predigt fällt heute aus

Dass ein Prediger ein „Schlitzohr“ genannt wird, ist eher selten. Dass er aber ein „Goldenes Schlitzohr“ überreicht bekommt, passiert nur einmal im Jahr. Diese ungewöhnliche Auszeichnung erhielt 2002 Kardinal Karl Lehmann, der Vorsitzende der Deutschen Bischofskonferenz. „Er hat Mutterwitz und eine gewisse Cleverness“, sagte der Vorsitzende des „Internationalen Clubs der Schlitzohren“. Das Ziel des Clubs ist übrigens, bedürftigen Kindern zu helfen.

Clever verhielt sich auch die Stadtverwaltung von Beaufort im amerikanischen Staat South Carolina. Sie verurteilte einen 39-jährigen Straßenprediger zu einer Geldbuße von 234 Dollar. Warum? Er hatte zu laut gepredigt. Und außerdem zu lang. Damit verstieß er gegen die Lärmschutzverordnung der Stadt. Straßenprediger müssen sich an diese Regeln halten: Sie dürfen nur zu festgelegten Zeiten predigen, die Predigt darf eine bestimmte Dauer nicht überschreiten und nicht zu laut sein.

Das betrifft Prediger und Predigerinnen in Deutschland nicht. Die predigen nur zu den festgelegten Zeiten in der Kirche. Die Predigt dauert nicht länger als sieben Minuten. Und zu laut dürfen sie auch nicht sein, denn sonst wachen die Leute auf.

## Da waren's nur noch eins

Wintersturm. Schneetreiben. Kein Durchkommen auf den glatten Straßen. Kein Mensch am Sonntag in der kleinen Kirche. Sagt der Messner zum Pfarrer: „Heute hat es keinen Wert, mit den Glocken zu läuten, es kommt sowieso niemand.“

Doch der Pfarrer ganz pflichtbewusst: „Du wirst bezahlt fürs Läuten, also läute."
„Einverstanden, dann müssen Sie aber auch predigen." –
Der Pfarrer hält Gottesdienst und predigt auch zünftig in der leeren Kirche.
Nach der Messe meint der Messner ganz gerührt: „Das war aber ganz besonders schön heute, nur wir drei ..."
Wundert sich der Pfarrer: „Wieso drei?"
Darauf der Messner: „Na ja, Sie und ich und der liebe Gott!"

„Ach ja, der! An den hatte ich gar nicht gedacht ..."

## Vorbereitung auf die Predigt

Ein Kind unterbricht die Predigt mit der Frage: „Woher weißt du denn das alles?"
Der Pfarrer erklärt und will das Kind beeindrucken: „Ich war in der Volksschule, dann neun Jahre im Gymnasium, sechs Jahre auf der Universität, habe Diplom gemacht, also viele Jahre studiert ..."
Das Kind sagt nur: „Da musst du aber schön doof gewesen sein, dass du so lang auf der Schule gewesen bist!"

## Frauen und Männer

Ein Pfarrer wird kritisiert: „In Ihrer Kirche sind ja fast nur Frauen?"
„Das stimmt!", meint er und gibt zurück: „Und ich frage Sie: Warum sind im Gefängnis fast nur Männer?"

### Kaplan motorisiert

„Mein Kaplan schafft zu wenig für die Predigt, der hat wirklich nichts als sein Auto im Kopf!", beklagte sich ein Pfarrer bei seinem Nachbarn.
„Da kannst du aber froh sein", bemerkte der Kollege, „dann braucht er wenigstens keine Garage!"

## Kirche im Schlafanzug

In einer evangelischen Morgenfeier predigte Pfarrer Werner „Tiki" Küstenmacher über den „Schlaf" und sagte: „Die Idee, über den Schlaf zu sprechen, verdanke ich einem Hörer aus Ulm-Einsingen. Er hatte mir geschrieben, dass er die Morgenfeier im Schlafanzug gehört hat. Im Lauf der Sendung wurde ihm klar, dass er dabei gewissermaßen in einer Kirche ist, in die man im Schlafanzug kommen kann. Und das, so schrieb er, ist doch eine wunderbare Kirche."

# Heilige gegen Scheinheilige

Witzkanonen waren die Heiligen im Allgemeinen wohl nicht. Das muss man zugeben. Eher wird von ihnen Ernstes und Ernsthaftes überliefert, und das Fröhliche und Ausgelassene von ihnen wird man in ihrer Lebensbeschreibung unterdrückt haben. Trotzdem heißt ein geflügeltes Wort: „Ein Heiliger, der traurig ist, ist ein trauriger Heiliger!“
Menschlich erst werden die heiligen Frauen und Männer, wenn von ihnen ein Scherz überliefert ist, eine besonders pointierte Aussage, eine Geschichte oder gar tatsächlich ein Witz. Die Heiligkeit wird anziehender, wenn man über die Glaubenden was zu schmunzeln oder gar zu lachen hat.
Wir sind den Heiligen gegenüber ja so bierernst, dass wir uns kaum vorstellen können, dass der Apostel Johannes einmal zum Apostel Jakobus gesagt hat: „Halt doch endlich den Mund!“ Geben wir es zu: Die Heiligen haben wir auf ein zu hohes Podest gestellt. Wir umgeben sie mit feierlichen und hochtrabenden Worten und schaffen so einen Abstand.

## Don Bosco

Dieser heilige und begnadete Jugenderzieher wusste, dass am ehesten die Freude zu Gott führt. Mit lustigen Geschichten und Zauberkunststücken unterhielt er die Jugendlichen und öffnete ihr Herz auch für das Religiöse.

Sein bekanntes Motto war: „Fröhlich sein, Gutes tun und die Spatzen pfeifen lassen!" Und auch dieser Spruch stammte von ihm: „Ob wir nun essen oder trinken oder sonst was tun, in allem kann man Gott dienen und es zu seiner Ehre tun!"

## Laurentius

Als Diakon war Laurentius nicht nur zuständig für Liturgie und Predigt, sondern auch für den Bereich der Verwaltung der Kirche. Dies kam dem Kaiser zu Ohren und er vermutete, dass die Kirche reiche Schätze hätte. So ließ er Laurentius kommen und befahl ihm, ihm diese Schätze zu überbringen.
Der sammelte in Rom alle Bettler ein und ließ sie auf großen Wagen zum Kaiser bringen: „Das sind die Schätze der Kirche!"
Diesen Witz verstand der Kaiser allerdings nicht, ließ ihn verhaften und grausam töten.

## Thomas Morus

Der englische Spitzenpolitiker Thomas Morus (1478–1535) folgte nicht seinem König Heinrich VIII., als der sich vom Papst lossagte. Er bezahlte seine Treue zur katholischen Kirche mit dem Leben. Als ihm klar war, dass er hingerichtet werden sollte, schrieb er sein „Gebet um Humor":

Schenke mir eine gute Verdauung, Herr, und auch etwas zum Verdauen.
Schenke mir Gesundheit des Leibes, mit dem nötigen Sinn dafür, ihn möglichst gut zu erhalten.
Schenke mir eine heilige Seele, Herr, die das im Auge behält, was gut ist und rein, damit sie im Anblick der

Sünde nicht erschrecke, sondern das Mittel finde, die Dinge wieder in Ordnung zu bringen.
Schenke mir eine Seele, der die Langeweile fremd ist, die kein Murren kennt und kein Seufzen und Klagen, und lass nicht zu, dass ich mir allzu viel Sorgen mache um dieses sich breit machende Etwas, das sich „Ich“ nennt.
Herr, schenke mir Sinn für Humor, gib mir die Gnade, einen Scherz zu verstehen, damit ich ein wenig Glück kenne im Leben und anderen davon mitteile.

**Vinzenz Pallotti**

„Durch ein heiteres und frohes Gesicht
können wir beweisen,
dass die Nachfolge Christi
unser Leben mit Freude erfüllt.“

## Pfarrer von Ars

Der heilige Pfarrer von Ars war ein viel gesuchter Beichtvater. Da kam eines Tages einer zum Beichten und hatte einen schönen Hund dabei.
Der Pfarrer sagte zu ihm nur: „Was haben Sie für einen schönen Jagdhund. Wenn Ihre Seele doch auch so schön wäre!“

## Das Lächeln der Mutter Teresa

Da kam eine große Gruppe von Professoren aus den USA, die baten: „Mutter Teresa, sagen Sie uns etwas, das uns helfen wird!"
Ich sagte: „Lächelt einander zu!"
Ich muss es sehr eindringlich gesagt haben, denn einer von ihnen fragte mich: „Sind Sie verheiratet?"
Ich sagte: „Ja, und ich finde es manchmal sehr schwer, Jesus anzulächeln, denn er kann sehr fordernd sein."

## Der lächelnde Papst der 33 Tage

Als Papst Johannes Paul I. 33 Tage nach seiner Wahl starb, trauerte die ganze Welt. Ein italienischer Journalist stellte sich damals die Frage: „Was hat er bloß getan in diesen wenigen Tagen, dass er so viel Sympathie und Wohlwollen erntete?"
„Er hat", so antwortete er sich selber, „eigentlich nichts Weltbewegendes getan; er hat keine Enzyklika verfasst, keine große Reise unternommen, kein Konzil einberufen ... Was hat er getan?" – Und der Journalist fügte hinzu: „Er hat die Menschheit und jeden einzelnen Menschen lieb gehabt, hat sie angelächelt, und das war unendlich viel!"

## Karl Borromäus

Als junger Student spielte er mit seinen Freunden eine Partie Schach. Auf einmal kam das Gespräch auf die Frage: „Was würdest du tun, wenn du in einer Stunde sterben müsstest?"
Der eine wollte noch schnell beichten, der andere sein Testament machen, der Dritte sich von der Familie verabschieden ... Der junge Karl Borromäus antwortete:

„Ich würde ruhig weiterspielen. – Jetzt ist doch die Zeit für die Erholung, und Gott will, dass wir das tun, was uns aufgetragen ist."

## Bischof Willigis

Er war Heiliger, Erzbischof von Mainz, Reichskanzler und Reichsverweser für den minderjährigen Otto III. und bürgerlicher Herkunft. Die Adligen wollten deshalb von ihm nichts wissen und verspotteten ihn. Eines Tage lehnte ein Wagenrad an seinem Bischofspalais und daneben standen die Worte: „Willigis, Willigis, nie vergiss, dass dein Vater Wagner ist!"
Der Bischof ärgerte sich keineswegs, sondern nahm in sein Bischofswappen ein Wagenrad auf. Alle Leute sollten wissen, dass sein Vater ein schlichter, ehrsamer Wagnermeister war.

## Paulus, der Apostel

Als Paulus im Gefängnis saß und die Verurteilung zum Tod erwartete, schrieb er: „Freut euch im Herrn zu jeder Zeit! Noch einmal sage ich: Freut euch! Eure Güte werde allen Menschen bekannt" (Brief an die Philipper 4, 4).